# 我们的中国

## 我们的江河

沛　林◎主编

三辰影库音像电子出版社
北　京

**图书在版编目（CIP）数据**

我们的中国. 我们的江河 / 沛林主编. — 北京：三辰影库音像电子出版社，2022.10
ISBN 978-7-83000-577-1

Ⅰ．①我… Ⅱ．①沛… Ⅲ．①中华文化－少儿读物②河流－中国－少儿读物 Ⅳ．①K203-49②K928.42-49

中国版本图书馆 CIP 数据核字 (2022) 第 152313 号

**我们的中国．我们的江河**

责任编辑：龙　美
责任校对：韩丽红
出版发行：三辰影库音像电子出版社
社址邮编：北京市朝阳区东四环中路 78 号 11A03，100124
联系电话：（010）59624758
印　　刷：天津泰宇印务有限公司
开　　本：880mm×1230mm　1/32
字　　数：196 千字
印　　张：10
版　　次：2022 年 10 月第 1 版
印　　次：2022 年 10 月第 1 次印刷
定　　价：68.00 元（全 4 册）
书　　号：ISBN 978-7-83000-577-1

# 前言

　　中国是一个地大物博、历史悠久的文明古国。在这片美丽而神秘的土地上，世代居住生活着勤劳、善良的中华儿女。数千年来，我们的先辈利用蕴藏在江河、山川以及大地中的自然资源，创造出数不清的精神财富和物质财富。

　　为了让孩子们进一步了解我们的祖国，我们精心编著了《我们的中国》。通过阅读此书，孩子们能够了解到长江、黄河等中国重要河流的概况、历史及流域内的著名景观；欣赏到具有代表性的各个朝代流传至今的国宝的造型、工艺成就和背后的趣味故事；认识到以四大发明为首的发明创造在推动人类文明进程中的伟大意义；理解为何书法、茶、剪纸等文化能够盛行千年而不衰。

　　《我们的中国》语言生动，图片精美，栏目丰富，编排巧妙，直观地呈现了中国大地的大江大河、文化遗产、发明创造等，让孩子们犹如身临其境畅游中国，从不同角度感受华夏之美，中国之伟大，感知深厚的历史文化底蕴，不仅能拓宽孩子们的视野，增加知识储备，还能增强孩子们的爱国热情和民族自豪感。

# 目录

**中华民族的摇篮**

**——黄河 / 1**

黄河概况 / 1

文明的摇篮 / 2

黄河风光 / 4

**华北大地的"保姆"**

**——海河 / 7**

海河概况 / 7

海河主要支流 / 8

海河风光 / 10

**南北天然的分界线**

**——淮河 / 13**

中华文明的发祥地 / 13

淮河概述 / 14

社会经济 / 16

夺淮入海 / 17

**东北的黑色巨江**

**——黑龙江 / 19**

黑龙江的历史 / 19

黑龙江概况 / 21

黑龙江风光 / 21

**黑龙江最大的支流**

**——松花江 / 24**

松花江概况 / 24

主要支流 / 25

自然资源 / 26

松花江风光 / 27

**辽宁人民的母亲河**

**——辽河 / 30**

辽河概况 / 30

主要支流 / 31

辽河风光 / 33

## 新疆的生命之河
### ——塔里木河 / 35

塔里木河名字的由来 / 35

三河为源 / 36

塔里木河风光 / 37

## 中国第一大河
### ——长江 / 41

长江概况 / 41

长江上、中、下游的划分 / 42

长江资源 / 44

## 江南第一大河
### ——珠江 / 47

珠江概况 / 47

复杂的珠江水系 / 48

珠江风光 / 50

## 盛产砂金的大江
### ——金沙江 / 52

金沙江概况 / 52

金沙江支流 / 53

金沙江风光 / 54

## 波涛汹涌的大河
### ——怒江 / 58

怒江名字的由来 / 58

流域状况 / 59

流域内的民族 / 60

河流风光 / 61

**东方多瑙河**
**——澜沧江 / 63**

澜沧江名字的由来 / 63

澜沧江概况 / 64

澜沧江水系 / 64

主要景点 / 66

宝贵的遗传基因库 / 67

**世界上最高的河**
**——雅鲁藏布江 / 69**

雅鲁藏布江概况 / 69

雅鲁藏布江的上、中、下游 / 70

宝贵的资源 / 72

# 中华民族的摇篮
## ——黄河

　　"君不见黄河之水天上来，奔流到海不复回。"此句出自唐代诗人李白的《将进酒》，李白形象地描绘了黄河壮阔的景象以及磅礴的气势。黄河，作为中华民族的母亲河，她横贯中华大地，源源不断地为我们中华民族注入新的活力与生机。

### 黄河概况

　　黄河是中国第二长河，发源于青海省巴颜喀拉山北麓，流经青海省、四川省、甘肃省、宁夏回族自治区、内蒙古自治区、陕西省、山西省、河南省，在山东省注入渤海。全长5464千米，流域面积75.2万平方千米。黄河以内蒙古自治区河口镇和河南省孟津县为界，分上、中、下游。从高空俯瞰，奔腾的黄河水形成一个巨大的"几"字，沿途接纳的主要支流有洮河、湟水、无定河、汾河、渭河、洛河、沁河等。黄河是世界上含沙量最高的河流，每年泥沙流量达16亿吨。下游河段，水流缓慢，泥沙淤积，形成举世闻名的"地上悬河"。黄河

水力资源丰富，坐落着三门峡、青铜峡、刘家峡、龙羊峡、小浪底等水利工程。沿河重要的城市有兰州市、银川市、郑州市、济南市等。

## 文明的摇篮

历史上，黄河流域曾经长期作为中国政治、经济和文化中心，被誉为"中华文化的摇篮"。这"摇篮"应该追溯到什么时候呢？

最早是在180万年前，西侯度猿人在今山西省芮城县境内出现。其后，115万年前到65万年前的"蓝田人"出现在黄河两岸。后来山西的"丁村人"、内蒙古的"河套人"、陕西的"大荔人"以及新石器时期的代表"马家窑文化""大汶口文化",都出现在黄河流域。这都足以证明在遥远的古代,我们的祖先已经生活在黄河流域。

我国古都咸阳(今陕西省咸阳市)、长安(今陕西省西安市)、洛阳(今河南省洛阳市)都位于黄河流域,这些城市自古以来就是中华民族政治、经济、文化活动的中心。几千年来,勤劳勇敢的中国人民在这里创造了灿烂的中华文化,为人类文明做出了杰出的贡献。

## 黄河风光

千百年来，黄河不仅养育了中华儿女，更为我们造就了无数壮观的景色。其中最令人称道的莫过于晋陕大峡谷、黄河龙门景区和壶口瀑布等景观。

### ◎晋陕大峡谷

晋陕大峡谷位于山西省和内蒙古自治区交界处，是黄河在黄土高原"切"出来的一处绝美景观，我国黄土高原的地貌特征在这里彰显出来。

具体来说，晋陕大峡谷从内蒙古自治区河口镇起，至山西省禹门口结束，黄河在此处来了一个急转弯，从东西走向变为南北走向，由鄂尔多斯高原挟势南下深切于黄土高原。山连山，峡连峡，曲径如走蛇就是晋陕大峡谷最大的特点。黄河九曲十八弯，在这里得到了最完美的呈现。

## ◎ 黄河龙门景区

龙门是黄河的咽喉，地处山西省河津市。此处毗邻两座大山，黄河夹在中间，河面宽不足40米，黄河却一路奔腾，一泻千里。

"鲤鱼跃龙门"的传说就源于此地，相传，鲤鱼越过龙门可以变化成龙。这个传说表达了人们对美好事物的期盼以及希望能够达到理想境界的美好愿望，同时激励着无数中华儿女顽强拼搏，奋斗不息。

## ◎ 壶口瀑布

壶口瀑布是我国第二大瀑布，位于山西省吉县与陕西省宜川县之间。黄河奔流至此，被两山收成一束，犹如一个壶口，故名壶口瀑布。瀑布上游的黄河水面宽300米，壶口瀑布在这里被黄河压缩到30~50米的宽度，从20

多米高的陡崖上，倾注到直径50米的大石潭中，犹如千军万马奔腾而来，波浪翻滚，惊涛怒吼，形成"千里黄河一壶收"的气势。

**为什么黄河的颜色是黄色的呢？**

　　并不是所有的黄河水都是黄色的，黄河上游的水就很清澈。黄河中下游变成黄色是因为黄河流经黄土高原时，由于这里土质疏松、植被稀少，被雨水冲刷后，大量泥土就混入了河水中。这样，黄河水慢慢地就变"黄"了。

# 华北大地的"保姆"
## ——海河

海河涵盖了天津、北京、河北绝大部分地区，它是一条横穿上千万人口大城市的河流，就像一把巨大的扇子斜放在华北大地上。

### 海河概况

海河是中国华北地区的最大水系，由潮白河、永定河、大清河、子牙河、卫河五大河在天津市区及其附近

汇合而成，向东流到大沽口注入渤海。全长1090千米，流域面积26.6万平方千米。

历史上海河曾给人们带来很多灾难，中华人民共和国成立以来，国家对海河进行了全面整治，在支流上游建密云、官厅、黄壁庄、岗南、岳城等水库，中、下游开辟独流减河、永定新河、子牙新河、潮白新河等排洪河道，已形成分流入海的水系，彻底治理了海河水患。

## 海河主要支流

海河支流众多，下面介绍具有代表性的几条。

### ◎潮白河

潮白河位于北京市和河北省东北部，因潮河和白河两河汇流而得名。全长460千米，流域面积1.96万平方千米。旧时水利失修，河道经常变动，有时在北京市通州区附近注入北运河，有时侵夺箭杆河道注入蓟运河。直到20世纪50年代后，政府在干、支流建有密云、怀柔等水库，才得到控制。

### ◎永定河

永定河位于河北省西北部，上游桑干河发源于山西

省北部管涔山，向东北流到河北省怀来县汇洋河后入官厅水库，出水库后始称永定河。永定河上游流经黄土高原，河流含沙量大，故有"浑河""小黄河"之称。下游因河沙淤积，河道迁徙无定，故有"无定河"之称。长681千米，流域面积5.08万平方千米。

## ◎大清河

　　大清河也称上西河，位于河北省中部。发源于太行山和恒山南麓，由北支拒马河和南支唐河、潴龙河汇合而成。历史上，大清河洪涝灾害频发，直到20世纪50年代后，经过大力整治，大清河已成为保定市的主要灌溉水源，也是白洋淀补水的重要来源。

## 海河风光

海河横穿天津市，宛如一幅风景长卷，包含美丽的海河外滩、海河公园、大沽口炮台等。

### ◎大沽口炮台

去天津旅行的人们想必一定不会错过大沽口炮台。它位于天津市滨海新区，俗称"津门之屏"，它是中华民族抗击侵略的历史见证。

从1840年至1900年的整整60年间，外国列强为了瓜分中国，发动了一系列侵华战争，列强们烧杀抢掠，无

恶不作，给中国人民带来了巨大灾难。特别是1859年，面对强大的英法两国侵略者，大沽地区军民在大沽口保卫战中，用自己的血肉之躯同敌人展开了殊死搏斗。为了纪念大沽口保卫战中为国捐躯的先烈，1997年，天津市政府建立了"大沽口炮台遗址纪念碑"。现在大家去大沽口炮台依然可以看见"威"字南炮台和"海"字老炮台两座遗址，而其他炮台已经不复存在了。

## ◎ 海河外滩

　　海河外滩位于天津市滨海新区塘沽街，是引人入胜的旅游胜地。进入海河外滩，最抢眼的标志性建筑物是

"碧海扬帆"，它一共有三组结构，分别矗立在第一、第二、第三景区内。三个构架远远望去像大海中航行的帆船，象征着塘沽经济发展的美好前景。外滩还有有趣的喷泉景观，到了晚上，它会喷射出光彩夺目的七彩水柱，更令人惊奇的是，喷泉还会喷火。另外广场上还装饰着各种泛光灯、景观灯，这些灯风格迥异，分布在广场的不同位置，极具观赏价值。

### 海河对天津的发展有哪些意义？

海河对天津的发展有着非凡的意义。海河点缀了天津的风景，这里有海河公园、大光明桥、望海楼教堂、天津之眼等，海河不仅融入了天津人的日常生活，更吸引了无数游客前来观光游览。海河作为天津的发祥地，孕育了城市文明，见证了天津的沧桑变化，又凭借得天独厚的地理环境造就了天津在全国各大城市的重要地位。

# 南北天然的分界线
## ——淮河

　　淮河，是中国七大江河之一，是我国一条古老的大河，在古代，它和长江、黄河、海河并列为四渎之一，它还是我国南北地区的一道天然的分界线。

## 中华文明的发祥地

　　淮河历史悠久，同黄河、长江一样，是中华民族的发祥地之一。据说，伏羲和女娲就活动在淮河上游一

带。淮河源头桐柏山一带，还是大禹治水的重要地区。在安徽怀远一带，流传着大禹与涂山氏的传说。

早在旧石器时代，淮河流域已经出现了早期人类。考古学家在淮河流域发现了100多处新石器时代文化遗址。

淮河还是较早出现铁器的地区，生活在淮河两岸的百姓，开垦农田，发展生产。在淮河的物产中，最出名的有六安瓜片、黄山毛峰、古井贡酒、明光绿豆等。

## 淮河概述

淮河发源于河南省桐柏山，向东流经河南省、安徽等省，在江苏省注入洪泽湖。洪泽湖以下的淮河干流在江苏省扬州市三江营附近注入长江。全长约1000千米，流域面积26.9万平方千米。

### ◎ 地形

淮河流域西起桐柏山，东临黄海，南以江淮丘陵、大别山、通扬运河与长江分界，北以黄河南堤和沂蒙山脉与黄河流域毗邻。淮河从源头至洪河口一段为上游，上游两岸山丘起伏，水系发达，支流众多；从洪河口至洪泽湖出口处的中渡为中游，中游地势平缓，多湖泊洼

地；洪泽湖以下为下游，下游地势低洼，大小湖泊星罗棋布，水网交错，渠道纵横。

## ◎气候

淮河流域地处我国南北气候过渡带，古人说的"橘生淮南则为橘，生于淮北则为枳"形象地说明了南北过渡地带的特点。这句话的意思是说橘子树在淮河以南结的果实为橘子，而在淮河以北结的果实为味道酸苦的枳。

淮河流域属于暖温带半湿润季风气候区，其特点是：季风显著、四季分明、雨热同期，春季因受季风交替影响，时冷时热；夏季西南气流与东南季风活跃，闷

热多雨；秋季天高气爽，多晴天；冬季受干冷的西北气流控制，常有冷空气侵入，气温低，降水少。

## 社会经济

淮河流域分布在湖北省、河南省、安徽省、山东省、江苏省境内，是人口较密集的地方。淮河流域土地肥沃，物产丰富，是我国重要的农业生产基地之一，主要作物有小麦、水稻、玉米、大豆、棉花等。淮河流域在我国农业生产中占有举足轻重的地位。

淮河流域的交通也很发达。铁路方面，京沪、京九、京广三条南北铁路大动脉从淮河流域东、中、西部通过，还有新石铁路、新长铁路、宁西铁路等。航运方面，有南北走向的京杭大运河，有东西走向的淮河干流，以及多个支流等。还有连云港、日照等大型海运码头，不仅可直达全国沿海港口，还能通往韩国、日本、新加坡等地。此外，淮河流域公路四通八达，高速公路建设发展迅速。因此，淮河流域是我国经济最发达的区域之一。

## 夺淮入海

淮河流域本来是一个沃野千里、航运畅通的好地方，民间曾流传着"走千走万，比不上淮河两岸"的谚语。但在1194年，黄河曾经先后两次决堤，改道南下，侵夺了淮河河道。此后，淮河与黄河在这段河道共同向

东流入黄海。在这段时间，黄河又多次泛滥，携带了大量泥沙，把淮河的河床逐步垫高，淮河中游河段变成了"半地上河"，下游河段因淤积严重而水系紊乱。到了1855年，黄河重新回到北面，流入渤海，而这时的淮河，因为黄河向北流入渤海，淮河水量大大减少，没有足够的力量把淤积的泥沙冲走，原来淮河的出海河道就变成了一条干涸的沙堤，从此淤塞了淮河下游的通道。从此以后，淮河就不能直接汇入黄海，只能向南流入长江，借道流入东海。

### 为什么淮河流域多洪涝灾害？

第一，气候因素。淮河流域属于温带季风气候，夏季高温多雨，雨季较长，暴雨天气较多。

第二，地形因素。淮河流域落差不均衡，上游落差大，中下游落差小，洪水下泄缓慢。淮河支流较多，雨季时，干、支流同时涨水，容易导致洪涝灾害。

第三，人为因素。中上游植被遭到大量破坏，导致植被失去涵养水源、保持水土的能力，上游的泥沙汇入下游，河床被抬高。

# 东北的黑色巨江
## ——黑龙江

黑龙江省处于我国最北端，素有"中国寒极"之称。隆冬时节，黑龙江犹如披上一层银光闪闪的冰甲，变成了一条白色巨龙。

### 黑龙江的历史

黑龙江的满语叫"萨哈连乌拉"，其中"萨哈连"是"黑"的意思，"乌拉"是"水"的意思。而在蒙古语中，黑龙江叫"哈拉穆连"；在鄂温克语中，叫"卡拉穆尔"。不管哪一种叫法，黑龙江都是"黑水""黑河""黑

江"的意思。黑龙江为什么和"黑"字分不开了呢？这是因为这条河流经过的地区，土壤中含有大量的黑色腐殖质，时间一长，河水富含的腐殖质就越来越多，逐渐呈青黑色，宛如一条黑色长龙蜿蜒于林莽间，所以才有了黑龙江这个名字。

原来的黑龙江不像今天是一条国际界河，而是中国的内河，19世纪中后期，沙俄侵略中国，胁迫清政府签订不平等条约，强行占领中国黑龙江省以北、乌苏里江以东的广大土地，因此黑龙江才成为中俄之间的界河。在这之后，中俄双方一直对边界的划分存有争议，直到2004年，中华人民共和国和俄罗斯联邦签署最后边界协定，才将黑龙江作为两国的国界。

## 黑龙江概况

黑龙江有南、北两源，南源额尔古纳河发源于内蒙古自治区大兴安岭西坡，北源石勒喀河发源于蒙古国北部肯特山东麓，在内蒙古自治区东北端的恩和哈达附近汇合后称黑龙江，沿途接纳结雅河、松花江、乌苏里江等支流，注入鞑靼海峡。自上源至黑河市段为上游，江面狭窄，两岸陡峻，滩多流急；黑河市至乌苏里江口段为中游，河谷逐渐开阔；以下至河口段为下游，水流曲折，中多洲滩。全长4370千米（中国境内3101千米），流域面积184.3万平方千米（中国境内88.85万平方千米），是世界上重要的国界河流之一。

## 黑龙江风光

黑龙江景点繁多，景色迷人，这里有仙鹤的故乡、五大连池风景名胜区、漠河等。

### ◎仙鹤的故乡

扎龙自然保护区位于黑龙江省齐齐哈尔市，那里是齐齐哈尔人心中的瑰宝，也是一个神奇而又迷人的仙鹤世界。

扎龙自然保护区每年都有无数珍稀水禽在这里繁衍生息。据统计，保护区内有水鸟230余种，其中以鹤类最为闻名。有丹顶鹤、白头鹤、白鹤、灰鹤、白枕鹤、蓑羽鹤等，所以这里被誉为"仙鹤的故乡"。除此之外，这里还有大天鹅、小天鹅、鸿雁、鸳鸯等。

在保护区内，人们可以欣赏到丹顶鹤的婀娜身姿，当它们成群在天空盘旋飞翔之时，那场面无比壮美。

## ◎ 五大连池风景名胜区

五大连池风景名胜区位于黑龙江省黑河市五大连池市，地处小兴安岭山地向松嫩平原的过渡地带，是国家重要的旅游观光、疗养度假区。

五大连池风景区由五大连池湖区（莲花湖、燕山湖、白龙湖、鹤鸣湖、如意湖）组成的湖群以及周边火山地质景观、相关人文景观、植被、水景等组成。

五大连池风景区有独特的火山地貌，形成了龙门石寨、火烧山、黑龙山等景观。还蕴含天然的冷矿泉水，其具有保健作用。这里的动物种类丰富，一级保护动物有丹顶鹤等，二级保护动物有松鸡、灰鹤、水獭、黑熊等。

## ◎ 漠河

　　漠河地处黑龙江省北部大兴安岭地区，是我国的最北端，也是我国唯一能观赏到极光的地方。每年夏至前后，漠河昼长夜短，几乎没有黑夜，因此又被称为"不夜城"。漠河一边与黑龙江相接，一边以连绵大山为襟带，一年四季来漠河观光的人不计其数。尤其是夏至前后，游人为了一睹神奇瑰丽的北极光而纷纷来到这里。

### 为什么黑龙江是一条水陆两用的交通线呢？

　　黑龙江江宽水深，水流平稳，航运条件好。黑龙江冬季降水均以雪的方式降落，河面冰冻期长，而且冰层很厚，江面上可以通行汽车和雪橇。因此，黑龙江就成了一条"水陆两用"的运输线。

# 黑龙江最大的支流
## ——松花江

　　松花江犹如一条绿色飘带横贯吉林市全城。松花江虽然是黑龙江的支流，但对东北地区人民的生活、工农业生产等方面都具有巨大的经济意义。

### 松花江概况

　　松花江是黑龙江的最大支流，有南、北两源。南源发源于吉林省东南中朝边境长白山天池，北源嫩江发源于黑龙江省西部伊勒呼里山，两源在吉林省松原市北相汇

合称松花江，流至同江市注入黑龙江。全长2309千米，流域面积56.1万平方千米。

## 主要支流

松花江水系庞大，支流众多，主要由头道江、二道江、辉发河、饮马河、嫩江、拉林河、牡丹江等河流汇合而成。

### ◎嫩江

嫩江是松花江最大的支流，由北向南流经黑龙江省、吉林省边境，在三岔河口汇入松花江，全长1379千米，流域面积28.3万平方千米。支流有甘河、讷谟尔河、诺敏河、绰尔河、洮儿河等。嫩江县以上为上游，河谷狭窄，两侧多高山，森林茂密，产落叶松、樟子松、杨和桦等木材。中下游为松嫩平原，为重要的农牧区。

### ◎拉林河

拉林河又称"兰棱河"，是松花江支流之一，位于黑龙江省南部与吉林省北部边境，发源于吉林省张广才岭，西北流经吉林省、黑龙江省边境，到哈尔滨市双城区万隆附近汇入松花江。全长448千米，流域面积2.18万平方千米。

## ◎ 牡丹江

牡丹江位于黑龙江省东南部，发源于吉林省牡丹岭，东北流经镜泊湖，到黑龙江省依兰县城附近注入松花江。全长725千米，流域面积3.1万平方千米。主要支流有海浪河、五林河、乌斯浑河等。

### 自然资源

松花江流域蕴含丰富的自然资源，其中包括森林资源、矿产资源、农业资源、鱼类资源等。

松花江流域多崇山峻岭，有大面积的原始森林分布在长白山、大兴安岭、小兴安岭等山脉上，有中国面积最大的森林区。松花江流域的矿产资源也极其丰富，主要有煤、金、铜、铁等。松花江流域地处北温带季风气候区，四季分明，土地肥沃，适宜农作物生长，主要农作物有大豆、玉米、小麦、亚麻、棉花等。松花江也是一个大淡水渔场，鱼类资源十分丰富，盛产鲤鱼、草鱼、鲶鱼、鳇鱼、鲫鱼、哲罗鱼等。

## 松花江风光

松花江流域最大的特色莫过于雾凇岛，岛上以雾凇多而闻名。除了雾凇岛以外，还有朱雀山森林公园、镜泊湖等。

## ◎雾凇岛

雾凇岛是松花江下游的一座小岛，岛上的地势较吉林市区低，加上周围有江水环抱，冷热空气在这里相交，冬季里几乎天天有美丽的雾凇出现，素有"吉林雾凇天下奇"的美誉。雾凇既不是雪，也不是冰，而是树枝上挂的霜。隆冬时节，沿着松花江的堤岸望去，树枝上挂满了洁白晶莹的雾凇，江风吹拂，银丝摇曳，是非常难得的自然奇观。

## ◎朱雀山森林公园

朱雀山森林公园位于吉林省吉林市丰满区，主要由

朱雀山、五佳山和田园风情三部分组成。

朱雀山又名猪山，站在山下遥望峰顶，有一块十多米的巨型猪形怪石，还有五头"仔猪"紧随其后，猪形怪石的头部朝向山顶，尾巴朝下，好像在行走，栩栩如生，可谓一座天然的石雕。夏季，可以到朱雀山享受爬山的乐趣。到了冬季，可以到朱雀山尽享滑雪、滑冰、打雪仗的乐趣。

### 为什么松花江沿岸会形成美丽的雾凇景观呢？

雾凇又称树挂，其形成条件是十分苛刻的，必须要满足气温很低且水汽充足两个条件才能形成。首先说气温条件，我国松花江地区冬季气温多在零下30℃至零下20℃之间，只有这样的低温条件才能让水汽迅速凝华。其次是水汽条件，松花江雾凇主要出现在松花江的下游，这里冬天虽然被冰封，但是从大坝底部流出来的水，水温通常在4℃左右，这和外界的空气形成了巨大的温差，从而产生大量的水汽。

# 辽宁人民的母亲河

## ——辽河

　　辽河，是我国七大水系之一。一座城市的许多故事都藏在流经这座城市的河流中，辽河承载了辽宁人民太多的感情，是辽宁名副其实的母亲河。

### 辽河概况

　　辽河是中国东北地区南部的最大河流。辽河有东、西两源，东源东辽河发源于吉林省东辽县吉林哈达岭，西源西辽河分南、北两源，南源老哈河发源于河北省平泉市光头山，北源西拉木伦河发源于内蒙古自治区克什克腾旗西南白岔山。辽河流经河北省、内蒙古自治区、吉林省和辽宁省，最终注入渤海。辽河全长1390千米，流域面积16.41万平方千米。

历史上，辽河下游经常泛滥成灾。20世纪50年代经过大力整治后，在上、中游修建红山、莫力庙、二龙山、清河等水库，在下游低洼地开辟灌溉区，现下游地区已经形成独立的入海口。

## 主要支流

辽河支流众多，主要有老哈河、东辽河、西辽河、柳河、清河等。

### ◎ 老哈河

老哈河在古代被称为"乌候秦水"，在蒙古语中被称为"老哈木伦"。长约426千米，流域面积约3.31万平方千米。干流上游河谷狭窄，两岸山地耸峙，河水奔流于谷底，水流湍急。中游流经黄土丘陵区，水土流失十分严重，中游还有许多支流汇入，有黑里河、英金河等，水量猛增，使得河床经常摆动。下游地势低平，流速缓慢，上游携带的泥沙都汇集于此，以致抬高了河床，不

利于河道的稳定。

## ◎ 东辽河

东辽河是辽河干流上游地区东侧的大支流，源自吉林省辽源市东辽县吉林哈达岭，曲曲折折地流经辽宁省，在铁岭市昌图县与西辽河汇合。全长449千米，流域面积1.1万平方千米。东辽河汇集支流较多，其中以卡伦河最大。

## ◎ 西辽河

西辽河，全长829千米，流域面积14.7万平方千米。西辽河的流向是由西向东，沿河两岸地势低平，广泛分布着山丘草原和黄土丘陵，再加上气候干旱，暴雨集中，植被较少，因此，水土流失严重。流域内建有防洪灌溉工程。

## 辽河风光

辽河不仅养育了两岸的中华儿女，还孕育出了诸多美丽的景色，有辽河碑林、辽河口红海滩、七星山旅游风景区、辽源辽河掌等。

### ◎ 辽河碑林

辽河碑林位于辽宁省盘锦市湖滨公园西端，由碑展区、游览观赏区和旅游服务区三部分构成，是一座集古今书法艺术精华的宝库。

辽河碑林收藏了从中国原始社会文字符号到历朝历代乃至近现代的书法珍品，这里不仅有远古象形文字、甲骨文，还有马王堆出土的汉代竹简文字。辽河碑林还有一大特色，即不因人废文，也不因人入碑，只要字写得好，不管是皇帝大臣还是平民百姓，是有争议的还是没有争议的，都可以入选。所以，在辽河碑林可以看到王羲之、苏轼、黄庭坚、毛泽东、周恩来、刘少奇、朱德等人的书法作品，还可以看到宋徽宗、慈禧、李鸿章等人的书法作品。辽河碑林不愧是我国最大的、唯一不断代的碑林。

## ◎辽河口红海滩

辽河口红海滩位于辽宁省盘锦市大洼县，这里每年都会吸引无数游客前来观光。组成红海滩的主要是一棵棵纤弱的碱蓬草，这是一种适宜在盐碱土中生长的草。每年4月，碱蓬草开始生长，最初是嫩红色的，等到了10月，颜色由嫩红变成紫色。除了碱蓬草，这里还飘荡着一望无际的芦苇，在春夏时节，它们红绿相济；在秋冬时节，它们金红相映，远远望去如同与天空相连。

### 辽河经过治理后发生了什么变化？

历史上，辽河经常泛滥成灾。中华人民共和国成立后，对辽河进行了全面治理，在上、中游修建了水库，在下游地区开辟灌溉区，辽河泛滥的情况得到了遏制。辽河的污染情况曾非常严重。经过治理后，辽河的水质有了明显改善，鱼虾逐渐丰富起来，两岸的植被越来越茂密，辽河的生态环境有了明显改善。

# 新疆的生命之河
## ——塔里木河

塔里木河是中国最大的内陆河，涵盖了我国塔里木盆地的绝大部分，它养育了新疆维吾尔自治区近一半的人口，被南疆各族人民誉为"生命之河""母亲之河"。

### 塔里木河名字的由来

"塔里木"在古突厥语中的意思是"注入湖泊、沙漠的河水支流"，而在维吾尔语中的意思是"无缰之

马"。为什么是"无缰之马"呢？因为塔里木河的河水流量在不同季节的变化很大。每当进入炎热的夏季，积雪和冰川就会融化，河水流量急剧增长，就像一匹脱了缰绳的野马，奔腾在万里荒漠和草原上。这就是塔里木河名字的由来。

## ❤ 三河为源

塔里木河位于塔里木盆地北缘，全长2137千米，流域面积19.8万平方千米。上游支流很多，其中包括叶尔羌河、阿克苏河、和田河三条主要支流，其中叶尔羌河是塔里木河的正源，三条河汇流后称塔里木河。

### ◎ 叶尔羌河

叶尔羌河发源于喀喇昆仑山北麓，向东北流至新疆维吾尔自治区阿克苏地区阿瓦提县肖夹克附近后与阿克苏河、和田河汇合，长1076千米，流域面积7.34万平方千

米。主要支流有塔什库尔干河和克勒青河。流域内为南疆重要的粮棉生产基地。

## ◎ 阿克苏河

阿克苏河是塔里木河上游水量最大的源流。有托什干河、昆马力克河两源，均源于天山西段，汇合后称阿克苏河。全长660千米，流域面积4.86万平方千米。水量较为丰富，下游有冲积三角洲。

## ◎ 和田河

和田河旧称"和阗河"，是塔里木河的上游源流。有喀拉喀什河和玉龙喀什河两源，喀拉喀什河发源于喀喇昆仑山北麓，玉龙喀什河发源于昆仑山北麓，两源到阔什拉什附近汇合后称和田河。全长1090千米，流域面积2.82万平方千米。上游水量丰富，中游流经塔克拉玛干沙漠，河水因蒸发、渗漏和引水灌溉，水量大减。河中盛产美玉。

### 塔里木河风光

塔里木河流域旅游资源丰富，除了独一无二的神秘的塔里木河自身以外，还有我国最大的内陆淡水湖博斯腾湖、著名的巴音布鲁克天鹅湖、举世闻名而又极具神秘色彩的罗布泊、世界第二大流动沙漠塔克拉玛干沙漠和胡杨森林公园等。

## ◎ 博斯腾湖

博斯腾湖也称"巴格拉什湖",位于新疆维吾尔自治区中部焉耆盆地内,为构造陷落湖。博斯腾湖风光瑰丽,集大漠与水乡景色为一体。博斯腾湖的湖体可分为大湖区和小湖区两部分,大湖的面积达近千平方千米,小湖的面积仅有百余平方千米。湖区生长着广袤的芦苇,还盛产"新疆大头鱼",素有"西塞明珠"的美誉。

## ◎ 巴音布鲁克天鹅湖

巴音布鲁克天鹅湖位于新疆和静县巴音布鲁克草原

境内，是我国唯一的天鹅自然保护区。该地区的居民主要是蒙古族，他们对天鹅倍加爱护，与天鹅和睦相处。巴音布鲁克地区海拔较高，四周连绵着高山雪峰，构成了天鹅湖的天然屏障，高山上的泉水、溪流汇入湖中，这些因素让巴音布鲁克天鹅湖水草丰美，饲料富足，气候凉爽而湿润，非常适合天鹅繁衍生息。

塔里木河流域除了美丽的自然奇观，还保留了大量的古代文明遗址，有楼兰遗址、轮台古城、古烽燧、古代岩壁画等。

## ◎胡杨森林公园

胡杨森林公园位于轮台以南塔克拉玛干沙漠腹地，

与塔里木河相连。全世界10%的胡杨林分布在中国，而中国90%的胡杨林分布在塔里木河畔。胡杨有着"活化石"的美誉，是世界上最古老的一种杨树。它以"活着一千年不死，死了一千年不倒，倒了一千年不烂"的特点，赢得了世人的敬爱与赞美，吸引着无数游客前来观光。

### 为什么塔里木河会出现断流的现象呢？

自然原因：塔里木河流经干旱地区，它的水源主要来自高山的冰雪融水。河流流动中，一部分水蒸发掉，还有一部分水会渗入地下，这样河水的水量不断减少，最后导致下游地区断流。再加上全球气候变暖，高山冰雪大大减少，向河流补给的水量严重不足，导致河流下游断流。

人为原因：塔里木河流域人口增多，河水大多用于灌溉，或作为生活用水，使河流水量迅速减少，下游的水得不到补给，就会断流。

# 中国第一大河
## ——长江

长江像一条银白色的巨龙，横卧在中国的中部，翻滚于高山峡谷之中，以雷霆万钧之势一泻千里，最终注入东海。长江源远流长，雄伟壮丽，无论是流域面积，还是长度、水量，在中国河流中都排名第一，是当之无愧的中国第一大河。

## 长江概况

长江在古代叫"大江"或"江"，发源于青藏高原的唐古拉山脉各拉丹冬峰，流经青海省、西藏自治区、四川省、云南省、重庆市、湖北省、湖南省、江西省、安

徽省、江苏省，在上海市汇入东海。全长6300千米，流域面积178.3万平方千米。主要支流有雅砻江、岷江、沱江、嘉陵江、乌江、湘江、汉江、赣江和黄浦江等。长江的长度仅次于非洲的尼罗河和南美洲的亚马孙河，居于世界第三位。

## 长江上、中、下游的划分

人们习惯上把长江分为三段，湖北省宜昌市以上为上游；宜昌市至江西省湖口县为中游；江西省湖口县以下为下游。

## ◎ 上游

　　长江上游长 4529千米，上游地区大部分流经高原、高山、峡谷地带，具有明显的高原、高山、峡谷河流特征。这里落差较大，水量充沛，水流湍急，水力资源十分丰富。特别是云南省境内玉龙雪山和哈巴雪山之间形成的虎跳峡，以其山高谷深、雄奇险峻闻名于世。到了四川盆地的东缘和重庆市，江水被巫山横切，在重庆和湖北交界处形成了举世闻名的长江三峡。

## ◎ 中游

　　长江中游长927千米，滔滔江水摆脱巫山的束缚，犹如脱缰的野马，一泻千里，流淌在平坦的两湖平原（北部称江汉平原，又称云梦平原，南部称洞庭平原）上。其中湖北省的枝城到湖南省的城陵矶一段，流经古代荆州地区，所以称为荆江，荆江河道迂回曲折，素有"九曲回肠"之称。长江中游还有另外一大特点，即曲流发达，湖泊众多。主要支流：北有汉水，南有清江、洞庭湖水系（湘、资、沅、澧四水）、鄱阳湖水系（赣、抚、信、修、饶五水）等。丰富的河道，加上万顷良田，使长江中游素有"湖广熟，天下足"的美誉。

## ◎ 下游

长江下游长844千米，下游地区地势更加低平，更加宽阔，虽然下游没有较大的支流，但是水网密布，湖泊众多，呈现一派水乡泽国的景象。长江三角洲上的太湖，是中国五大淡水湖之一，犹如镶在长江边上的一颗明珠，素有"鱼米之乡"的美誉。

## 长江资源

长江是中国水量最丰富的河流，流域内蕴藏着丰富的自然资源。其中包括水运资源、农业资源、旅游资源、野生动植物资源等。

## ◎水运资源

长江是横贯我国东西水运的大动脉，长江干线航道上起四川省宜宾市，下至长江入海口，全长2800多千米。长江干、支流流量极大，平均每年通过江口入海的水量达1万亿立方米。长江流域是人口最密集且经济最发达的地区，与世界各国相比，长江水系通航里程居世界之首，有"黄金水道"的美称。

## ◎农业资源

长江中下游处于亚热带季风气候区，气候温暖湿润，四季分明，非常适合农作物的生长，包括水稻、棉花、小麦、玉米、芝麻、蚕丝、麻类、茶叶等。长江中下游地区还有中国主要的商品粮基地，包括成都平原、太湖地区、巢湖地区、洞庭湖地区、江汉平原和鄱阳湖地区等。

长江流域还是畜牧业生产的重要基地。长江上游地区是气候高寒的青藏高原，日照充足，温差较大，有利于牧草生长，是中国重要的牧区，主要牲畜有藏

牦牛、藏绵羊、藏山羊、藏马等。

## ◎ 旅游资源

长江流域旅游资源非常丰富，除了重庆市、昆明市、南京市、成都市、扬州市、镇江市、武汉市、苏州市、杭州市、长沙市、南昌市、上海市等历史文化名城外，还有三峡、白帝城、丽江古城、岳阳楼、峨眉山、黄山、庐山、九寨沟、三峡、九华山、张家界、太湖等全国著名的旅游胜地。

## ◎ 野生动植物资源

长江流域建立了100多处自然保护区，流域内分布有中华鲟、白鳍豚、江豚、扬子鳄等保护动物。还有活化石植物，如水杉、银杉、珙桐等。

**长江为什么被称为黄金水道呢?**

长江沿岸不但经济发达，航运频繁，而且全年无冰期，水量平稳，航行十分安全，所以有"黄金水道"的美称。

# 江南第一大河
## —— 珠江

珠江又名粤江，因流经著名的海珠岛而得名，后来逐渐成为西江、东江、北江各条河流的总称。珠江长2215.8千米，径流量居全国水系第二位，仅次于长江，是中国南方最大的水系，甚至有一支"触角"伸到了境外的越南水系。

## 珠江概况

珠江是中国各大河流中含沙量最小、汛期最长的河流，它发源于云南省曲靖市马雄山，流经云南省、贵州

省、广西壮族自治区、广东省、湖南省、江西省，在下游从8个入海口注入南海。珠江流域内最主要的地形是山地和丘陵，下游有著名的冲积平原珠江三角洲，因为河海交汇，河网交错，所以具有南国水乡的特征。两岸有我国最早的经济特区深圳市、珠海市。

## 复杂的珠江水系

珠江一共有三大水系，分别是西江、北江和东江。这三条河流在三角洲地区汇集，形成纵横交错的网状水系。

### ◎西江

西江是珠江的干流，上源南盘江发源于云南省曲靖市马雄山，流经贵州省、广西壮族自治区边境，与北盘江汇合后合称"红水河"，向东南流至象州县石龙附近接纳柳江后称"黔江"，到桂平市接纳郁江后称"浔江"，到梧州市接纳桂江（其上源叫漓江，长80余千米，为著名的风景旅游区），入广东省境内始称"西江"，出广东省肇庆市羚羊峡进入珠江三角洲，最后由珠海市磨刀门注入南海。上游流经石灰岩地区，多伏流；中游多峡谷和滩石；下游河道宽阔，航运便利。

## ◎北江

北江有东、西两个源头，西源武水发源于湖南省临武县西，东源浈水发源于江西省信丰县大石山，两水在广东省韶关市汇合后始称"北江"，南流到佛山市三水区思贤滘同西江相通。思贤滘以下经珠江三角洲水流分散，主要从广东省横门入海。全长468千米，流域面积4.67万平方千米。沿途经南岭及粤北山区，多峡谷，如清远的飞来峡远近闻名。主要支流有连江、滃江、绥江等。

## ◎东江

东江亦称"循江""龙川江"，同北江一样，东江也有东、西两源，东源发源于寻乌水，西源发源于定南水（又名九曲河），均出江西省南部安远、寻乌两县间，

南流到广东省龙川县五合附近汇合，折向西南流，下游经珠江三角洲，到狮子洋出虎门入海。全长523千米，流域面积3.32万平方千米。主要支流有新丰江、增江、西枝江等。新丰江上建有水库和水电站。

## 珠江风光

珠江流域内最有名的自然景观莫过于贵州省黄果树瀑布，它不仅是我国的第一大瀑布，也是世界上最壮观的瀑布之一。在这个大瀑布周围还分布着十几个大小各异的瀑布，形成了一个庞大的瀑布"家族"。

黄果树瀑布对岸建有"观瀑亭"，游人可在亭中欣

赏汹涌澎湃的瀑布泻入犀牛潭的壮观场景。黄果树瀑布腾起的水柱高90多米，在附近形成水帘，盛夏到此，暑气全消。

凡是来过黄果树瀑布的人都会看到一座徐霞客雕像。人们不禁产生好奇，为什么这里会有徐霞客的雕像呢？黄果树瀑布的名气之所以那么大，多亏了徐霞客。在信息流通不便的古代，很多人读了《徐霞客游记》才知道黄果树瀑布，可以说徐霞客是为黄果树瀑布代言的第一人。

除了溶洞、瀑布，珠江境内还有很多特色景点，比如中国最壮观、最密集的喀斯特峡谷、北盘江大峡谷、隐藏很深的地下河、珠江大桥等。

### 为什么珠江流域的洪涝灾害不多呢？

第一，珠江支流众多，河网密布，极大地分担了入海口的压力。

第二，珠江大部分流经高山峡谷，地势起伏较大，所以不容易发生洪涝灾害。

第三，珠江流域植被覆盖度较高。一方面，涵养水源能力强，下暴雨时，地表径流形成缓慢，河流径流量增加缓慢。另一方面，水土流失程度较轻，河流含沙量小，下游泥沙淤积慢。

# 盛产砂金的大江
## ——金沙江

金沙江是我国第一大河长江上游的一段，穿行于四川省、西藏自治区、云南省之间，江流湍急，气势磅礴，水能资源十分丰富。

## 金沙江概况

金沙江指长江上游自青海省玉树市巴塘河口至四川省宜宾市的一段，发源于唐古拉山脉主峰各拉丹冬雪山

北麓，是西藏自治区和四川省界河。长江江源水系汇成通天河后，到青海省玉树市境内进入横断山区，始称金沙江。全长2308千米，流域面积49.05万平方千米。1935年5月，中国工农红军长征途中曾强渡皎平渡（在云南省禄劝彝族苗族自治县）渡口。

## 金沙江支流

金沙江水系复杂，支流众多，主要支流有无量河、雅砻江、普渡河、横江、牛栏江等。

### ◎雅砻江

雅砻江也称"鸦砻江"，藏语称"尼亚曲"，意思是"多鱼之水"。它是金沙江的最大支流，发源于青海省巴颜喀喇山南麓，向东南流经甘孜、新龙、雅江等县，到四川省攀枝花市东北三堆子附近汇入金沙江。全长1571千米，流域面积12.8万平方千米。雅砻江流域降水较为丰沛，支流众多，支流有鲜水河、

理塘河、安宁河等。两岸高山矗立，水流湍急，为中国水力资源最集中的河流之一。

## ◎ 横江

横江古称"石门江"，位于云南省东北部，是金沙江下段右岸支流。分东、西两源，东源洛泽河发源于贵州省威宁彝族回族苗族自治县，西源洒鱼河发源于云南省鲁甸县，两源相汇于大关县岔河口，折向东北流，在四川省宜宾市西南安边附近流入金沙江。全长310千米，流域面积1.48万平方千米。主要支流有洛泽河、牛街河等。

## ◎ 牛栏江

牛栏江也称"车洪江"，是金沙江右岸支流，位于云南省东北部，发源于云南省嵩明县梁王山，东北流经云南省、贵州省边境，折向西北流到巧家县北入金沙江。全长412千米，流域面积1.11万平方千米。牛栏江河谷幽深，水流湍急，较大支流有马龙河、西泽河、哈喇河及硝厂河等。

### 金沙江风光

金沙江沿岸形成了众多的以江河景观为主体的风景

区，有虎跳峡、三江并流、泸沽湖等。

## ◎ 虎跳峡

　　虎跳峡是世界上最深的峡谷之一，以奇险雄壮著称。位于云南省玉龙纳西族自治县石鼓东北，玉龙雪山和哈巴雪山之间。

　　金沙江到此急转北流，两岸高山夹峙，峭壁耸立，山岭高出江面达3000米以上，江面仅宽60~80米。因江心屹立巨石，俗称"虎跳石"。相传有猛虎曾借此石跃过大峡。巨石犹如孤峰突起，屹然独尊，江流和巨石相互搏击，发出山轰谷鸣的涛声，十分壮观。

## ◎ 三江并流风景区

　　三江并流风景区主要由四座高大山脉（高黎贡山、怒山山脉、云岭、雪山山脉）和三条大江（怒江、澜沧江、金沙江）组成。区域内雪峰高耸、河谷深切，是世界上最壮观的高山峡谷地貌的杰出代表。

　　由于三江并流地区特殊的地质构造，三江并流风景区成为世界上"江水并流而不交汇"的奇特自然地理景观。

三江并流风景区还是欧亚大陆生物群落最富集的地区，有100多种国家珍稀动物，如滇金丝猴、雪豹、孟加拉虎等国家级保护动物，还有秃杉、桫椤、红豆杉等国家级保护植物，是中国乃至全世界生物多样性丰富的地区之一。

## ◎泸沽湖

泸沽湖也称"左所海""鲁窟海子"，位于云南省西北部宁蒗彝族自治县和四川省西南部盐源县间。湖泊面积48.45平方千米，湖面海拔2609.7米，属高原断层溶蚀

陷落湖泊，为云南省第二深湖，湖内还居住着摩梭人，也有部分彝族和普米族同胞。

泸沽湖的周围森林茂密，空气清新，湖水清澈透明，四周风景如诗如画，秀丽迷人。

这里还有永宁温泉、泸沽三岛、洛水寺等景观。这一切使宁蒗彝族自治县成了人们旅游度假的胜地。

### 金沙江的名称是怎么来的？

金沙江在《禹贡》中被称为黑水，在《山海经》中被称为绳水。

东汉许慎的《说文解字》和班固的《汉书·地理志》中将金沙江支流雅砻江以上部分称为淹水。三国时期，金沙江又被称为泸水，诸葛亮《后出师表》中有"五月渡泸，深入不毛"之句，其中"泸"指的便是泸水，也就是金沙江。宋代因为河中产砂金，将其改名为金沙江，一直沿用至今。

# 波涛汹涌的大河
## ——怒江

怒江，坐落在我国西南地区，是西南地区较大的一条河流。它奔流在崇山峻岭之间，江水在谷底不断地翻滚、咆哮，展现出西南地区特有的自然风光。

### 怒江名字的由来

怒江是我国西南地区的大河之一，因怒族居住于两岸而得名。又因江水深黑，我国最早的地理著作《禹贡》

中称其为黑水河。怒族是怒江峡谷的土著民族之一，怒族把怒江称为"阿怒日美"，意思是"怒族人居住区域的江"，"阿怒"是怒族人的自称，"日美"就是"江"的意思。

## 流域状况

怒江发源于青藏高原唐古拉山南麓，深入青藏高原内部，由西北向东南斜贯西藏自治区东部，入云南省后折向南流，经怒江傈僳族自治州、保山市和德宏傣族景颇族自治州出国境入缅甸，改称萨尔温江，最后注入印度洋的安达曼海。全长3200千米（中国境内2013千

米），流域面积32.5万平方千米（中国境内12.48万平方千米），其中约有三分之二在中国境内。怒江奔流在怒山和高黎贡山之间，水力资源丰富，是我国开发条件较好的水电基地之一。

## 流域内的民族

怒江两岸居住着傈僳族、独龙族、怒族、普米族、白族、藏族等少数民族。由于各民族的生活、服饰、饮食和文化习俗等方面各不相同，因此形成了丰富多彩的少数民族文化和民族风情。怒江流域，民风朴实，民俗文化丰富多彩，向世人展现了一个独具魅力的世界。

## 河流风光

怒江流域有许多独具魅力的景观，其中有怒江大峡谷、听命湖、高黎贡山、丙中洛、碧罗雪山等。

### ◎怒江大峡谷

怒江大峡谷位于云南省怒江傈僳族自治州境内，是世界上最长、最神秘的大峡谷。峡谷内落差巨大，水急滩高，素有"十里不同天，万物在一山"之说。两岸的悬崖十分陡峭，又有"水无不怒谷，山有欲飞峰"之称。

这样的地势之下，怒江是没有船的，即使再好的船夫，也不敢在惊涛骇浪的怒江之上行船，所以当地人就想了一个办法，就是依靠溜索桥。溜索是以一条钢索或粗绳，连接山谷两侧，一头高，一头低，人可由高向低溜过河谷。如今，高效率的交通工具已经逐步替代原始的溜索桥，21世纪初，当地政府已经在怒江上修建70多座桥梁，以保障居民安全过江。"溜索"已渐渐变成民族传统体育活动项目，并且成为当地人民不畏艰险的真实写照。

### ◎听命湖

听命湖坐落在大山深处，据说，人们在这里不能大声说话，如果对着湖水大喊，风雨甚至冰雹就会如约而至。这是怎么回事呢？

听命湖四周都是高山，高山起到了汇聚声音的作用，在群山的作用下，人们的声音会被放大，以致扰乱了周围的空气，从而使湖面产生大量的上升气流。同时，这里海拔较高，常年空气湿润，湖区上空弥漫着饱和水分的浓雾，遇到声波震动后，就会凝聚成雨和冰雹。这就是听命湖"呼风唤雨"的原因。

### 怒江大峡谷的成因是什么？

因为怒江大峡谷地处欧亚和印度洋两大板块结合部，印度洋板块与欧亚板块相挤压时，横断山脉遭到强烈褶皱抬升和断裂沉降，又受到东西方向应力的巨大挤压，从而形成怒江大峡谷独特的构造。

# 东方多瑙河
## —— 澜沧江

澜沧江以窄、急、险而著称，这里不仅有雄伟的高山、峡谷，还有秀丽的林海雪原、湖泊，独特的地域风貌构成了令人神往的地区。

### 澜沧江名字的由来

澜沧江的名字早在汉代就已经出现了，《汉书》中称劳水，即云南省永平县以上澜沧江水系的统称。《华阳国志》和《水经》中记载的是兰苍水，又名仓津。到了明清时期，流经西双版纳傣族自治州的澜沧江河段又被称作九龙江。澜沧江之名真正来源于傣族语，傣族语称澜沧江为"南咪兰章"，"南咪"指江河，"兰"意为百万，"章"是大象，汉语译为"百万大象繁衍的河流"。

因为以前澜沧江两岸森林茂密，地广人稀，十分适合亚洲象栖息，所以沿岸的农民都有养象耕田的传统。由于"兰章"与"澜沧"语音相近，于是传下了澜沧江这个名称。

## 澜沧江概况

澜沧江是中国西南地区的大河之一，是著名的国际河流，而且是亚洲流经国家最多的河。澜沧江有两个源头，分别是扎曲和昂曲，均发源于我国青藏高原唐古拉山，流经青海省、西藏自治区、云南省，出境后又流经缅甸、老挝、泰国、柬埔寨和越南，最后注入南海。全长4688千米（中国境内2354千米），流域面积79.5万平方千米（中国境内16.48万平方千米）。其中流经东南亚的那一段叫湄公河。

## 澜沧江水系

澜沧江水系主要由干流和众多支流组成，主要支流有子曲、昂曲、罗闸河、漾濞江、西洱河、威远江、补远江等。

## ◎漾濞江

漾濞江是澜沧江在云南省境内最大的支流，位于云南省西北部。漾濞江上游的黑惠江发源于玉龙纳西族自治县南境，南流到大理市以西纳入西洱河，再南流到凤庆县东北入澜沧江。全长320千米，流域面积1.22万平方千米。

## ◎西洱河

西洱河也称"洱河"，是澜沧江支流中水能资源利用条件最优越的河流，建有西洱海梯级水电站。发源于云南省西部洱海，经大理市天生桥到平坡入漾濞江。

## 主要景点

澜沧江流域河网纵横，水流杂乱，形成了独特的自然景观，有橄榄坝、澜沧江峡谷、虎跳石等。

### ◎ 橄榄坝

橄榄坝位于澜沧江的下游，素有"孔雀羽翎"的雅称。这里地势低，气候湿热，具有浓郁的热带南国风光。

人们把橄榄坝比作孔雀的尾巴。因为在这里，一年四季，到处都是郁郁葱葱的，还有美丽的傣家竹楼遍布其中，就像装点在孔雀尾巴上的花斑。

这里的气候非常炎热，这种气候给当地带来了丰富的物产，有椰子、槟榔、香蕉、荔枝、杨桃、菠萝蜜等，数不胜数。

### ◎ 澜沧江峡谷

澜沧江峡谷是澜沧江最险要的地段，位于云南省迪庆藏族自治州德钦县，是中国最美的峡谷之一。

峡谷内有一个近似垂直的坡面，澜沧江在这里奔流，如困兽一般，吼声如沸，江水汹涌澎湃，击打着两

岸的巨石，浪花四溅，真可谓"隔河如隔天，渡河如渡险"。峡谷内两岸山峰巍峨耸立，树木郁郁葱葱，珍稀动物繁多，风景如诗如画。

## 宝贵的遗传基因库

澜沧江流域被称为我国宝贵的遗传基因库，是我国动植物资源最丰富的地区。

澜沧江流域是濒危野生动物的家园，有雪豹、滇金丝猴、长臂猿等。特有动物众多，如亚洲象、孔雀等。澜沧江还孕育了丰富的鱼类，据统计，已知鱼类多达1700种，包括目前已经高度濒危的鲩鱼、伊洛瓦底江豚，以及具有商业价值的常见鱼类，如倒黄貂鱼、淡水鲨、刺鱼、红尾巴鱼等。

澜沧江流域有众多植物，有金毛狗蕨、苏铁蕨、翠柏、大叶木兰、合果木、滇南风吹楠、千果榄仁等国家级保护植物，还分布着红豆杉、望天树等濒危植物。

**为什么澜沧江流域水能资源如此丰富？**

第一，澜沧江流经的地区为亚热带季风气候区，降水量大，水量充沛。

第二，澜沧江位于我国地势一、二级阶梯交界处，山高谷深，河流落差大，水能资源丰富。

# 世界上最高的河
## ——雅鲁藏布江

在世界屋脊青藏高原上，流淌着一条世界上最高的河——雅鲁藏布江，它给人的感觉就像银河那样高高在上。

### 雅鲁藏布江概况

雅鲁藏布江在藏文的意思是"从最高峰流下来的水"，发源于喜马拉雅山脉北麓的杰马央宗冰川，自西向东奔流在青藏高原南部，流经印度、孟加拉国后注入印度

洋，全长2900千米（中国境内2057千米），流域面积93.5万平方千米（中国境内24.06万平方千米）。雅鲁藏布江流域人口数量、耕地面积、工农业产值占全西藏自治区一半以上。

## 雅鲁藏布江的上、中、下游

雅鲁藏布江分上、中、下三段，杰马央宗冰川至日喀则市萨嘎县的里孜一段为雅鲁藏布江上游，日喀则市萨嘎县的里孜至林芝市米林县派镇一段为中游河段，林芝市米林县派镇以下为下游河段。

### ◎上游

雅鲁藏布江上游河段海拔在5000米以上，上游谷地

宽阔，水流缓慢，由于海拔较高，距离河口较远，气候寒冷干燥，多湖塘和沼泽，是放牧的优良场所。这里不是人类的乐园，而是一个天然的动物乐园。喜欢群居的野牦牛在雪线附近觅食；成群的野驴游荡在山谷之间；善于奔跑的藏羚羊像散开的云朵一般移动。此外，还有熊、狼、狐狸、野兔等，都在任性嬉戏，四处游荡。

## ◎ 中游

中游河段海拔为3000~4000米。这里水量充沛，人烟稠密。较大的支流有拉喀藏布、年楚河、拉萨河、尼羊曲等，可谓是江宽水深，为高原航运提供了有利条件。宽阔的河谷地区沃野连片，农业发达，城镇众多。有首府"日光城"拉萨市、"青稞之乡"日喀则市、"英雄城"江

孜县等。这些城镇都处于中上游河谷平原上，是西藏自治区工农业、经济贸易、政治文化和交通中心。

## ◎ 下游

下游河段既不是动物的乐园，也不是人类的聚集地，这里以雄伟险峻和曲折奇特的地形而出名。雅鲁藏布江的下游群山对峙，江面狭窄，河床、礁石棋布，水急浪高，响声隆隆，十分壮观，构成一幅壮丽的动人画面。世界上最大的峡谷雅鲁藏布江峡谷就在此处。

## 宝贵的资源

雅鲁藏布江流域物产丰饶，蕴藏无数宝贵的自然资源，除了多种多样的野生动植物资源，还有广袤的森林资源、得天独厚的矿产资源等。

## ◎ 野生动植物资源

　　雅鲁藏布江流域的野生动植物资源十分丰富。主要的野生植物有糖类和淀粉类植物、纤维植物、油脂植物、芳香油植物、鞣类植物、药用植物等，其中价值高的有天麻、红景天等。此外，还有虫草、灵芝、松茸等真菌。

　　主要野生动物有兽类、鸟类、鱼类等。兽类中藏羚羊、野牦牛等是青藏高原上特有的珍稀动物，白唇鹿是我国特有的世界珍稀动物。鸟类中黑颈鹤是我国所特有的珍稀鸟类。鱼类中以鲤科为最多。由此可见，雅鲁藏布江流域真不愧享有"植物类型博物馆"和"动物王国"的美誉。

## ◎森林资源

雅鲁藏布江流域的森林资源非常丰富，在波密、察隅、珞瑜等地，广泛分布着原始森林，常见的树种主要有松、杉、柏等，还有珍稀的红豆杉、雅江巨柏等。红豆杉为国家一级保护植物，是全世界唯一一种可用于合成抗癌药物紫杉醇的植物，因此十分珍贵。雅江巨柏是流域内国家二级保护树种，该树木质优良，喜欢沿着水线生长，生长期较长，它以顽强的生命力扎根于沙石之中，为世人展示其历经千年的沧桑。

## ◎矿产资源

雅鲁藏布江流域内的矿产资源也很丰富，其中铬、铁、铜、锂、硼等的储量在全国名列前茅，还有储量丰富的油气田，能源潜力十分巨大。

### 为什么雅鲁藏布江流域野生动植物资源这么丰富呢？

第一，雅鲁藏布江地区气候温暖湿润，年降水量高，有利于动植物的栖息。

第二，雅鲁藏布江地势起伏，相对高差大，自然带垂直分异显著，涵盖了热带到寒带的生物种类，丰富多样。

# 我们的中国

## 我们的国宝

沛　林◎主编

三辰影库音像电子出版社

北　京

图书在版编目（CIP）数据

　我们的中国. 我们的国宝 / 沛林主编. — 北京 ：
三辰影库音像电子出版社，2022.10
　ISBN 978-7-83000-577-1

　Ⅰ. ①我… Ⅱ. ①沛… Ⅲ. ①中华文化－少儿读物②
历史文物－中国－少儿读物 Ⅳ. ①K203-49②K87-49

　中国版本图书馆 CIP 数据核字 (2022) 第 152312 号

## 我们的中国．我们的国宝

责任编辑：龙　美
责任校对：韩丽红
出版发行：三辰影库音像电子出版社
社址邮编：北京市朝阳区东四环中路 78 号 11A03，100124
联系电话：（010）59624758
印　　刷：天津泰宇印务有限公司
开　　本：880mm×1230mm　1/32
字　　数：196 千字
印　　张：10
版　　次：2022 年 10 月第 1 版
印　　次：2022 年 10 月第 1 次印刷
定　　价：68.00 元（全 4 册）
书　　号：ISBN 978-7-83000-577-1

中国是一个地大物博、历史悠久的文明古国。在这片美丽而神秘的土地上，世代居住生活着勤劳、善良的中华儿女。数千年来，我们的先辈利用蕴藏在江河、山川以及大地中的自然资源，创造出数不清的精神财富和物质财富。

为了让孩子们进一步了解我们的祖国，我们精心编著了《我们的中国》。通过阅读此书，孩子们能够了解到长江、黄河等中国重要河流的概况、历史及流域内的著名景观；欣赏到具有代表性的各个朝代流传至今的国宝的造型、工艺成就和背后的趣味故事；认识到以四大发明为首的发明创造在推动人类文明进程中的伟大意义；理解为何书法、茶、剪纸等文化能够盛行千年而不衰。

《我们的中国》语言生动，图片精美，栏目丰富，编排巧妙，直观地呈现了中国大地的大江大河、文化遗产、发明创造等，让孩子们犹如身临其境畅游中国，从不同角度感受华夏之美，中国之伟大，感知深厚的历史文化底蕴，不仅能拓宽孩子们的视野，增加知识储备，还能增强孩子们的爱国热情和民族自豪感。

# 目录

**古朴神秘的**

**彩陶人面鱼纹盆 / 1**

揭秘半坡遗址 / 1

精美细腻的彩陶 / 2

彩陶的巅峰之作 / 3

神秘图案的含义 / 4

**"中华第一龙"**

**—— 红山玉龙 / 6**

认识红山文化 / 6

"中华第一龙"出世 / 7

造型独特，精美绝伦 / 8

**镇国宝鼎——后母戊鼎 / 10**

国宝的乱世传奇 / 10

"司""后"之争 / 11

礼器之尊 / 12

**臻于极致的青铜典范**

**—— 四羊方尊 / 14**

从支离破碎中重获新生 / 14

精美绝伦的造型 / 15

技术与艺术的完美结合 / 16

**天下第一剑**

**—— 越王勾践剑 / 18**

认识越王勾践 / 18

王者之剑 / 19

高超的铸造技艺 / 20

**青铜绝响，妙音千古**

**—— 曾侯乙编钟 / 22**

"编钟之王"问世 / 22

独特的镈钟 / 23

"此曲只应天上有" / 25

## "世界第八大奇迹"

### ——兵马俑 / 27

"千古一帝"的地下王朝 / 27

兵马俑横空出世 / 28

雁行之阵 / 30

## "青铜之冠"——铜车马 / 33

令人震惊的新发现 / 33

复杂的结构 / 34

精致的工艺 / 35

## 斯人已去,金玉永存

### ——金缕玉衣 / 37

珠襦玉匣 / 37

刘胜的另一种"不朽" / 38

## "薄如蝉翼轻如烟"

### ——素纱单衣 / 41

古墓稀世珍宝

### ——马王堆汉墓 / 41

国宝被毁案 / 42

高超的丝织工艺的产物 / 43

## 妙趣横生的

### 击鼓说唱俑 / 45

活泼憨厚的形象 / 45

广受欢迎的俳优 / 46

## 天马行空的铜奔马 / 48

力与美的融合 / 48

卓越的工艺水平 / 49

有趣的名称之争 / 50

## 天下第一行书

### ——兰亭序 / 52

认识"书圣"王羲之 / 52

《兰亭序》问世 / 53

《兰亭序》下落之谜 / 55

## 巧夺天工的兽首玛瑙杯 / 58

"万国来朝"的唐朝 / 58

神韵天成的艺术珍品 / 59

鲜明的异域风情 / 60

## 千古第一风俗长卷

### ——清明上河图 / 62

恢宏的构图 / 62

坎坷的命运 / 64

## 古今类书之最

### ——永乐大典 / 67

彰显国威的文化工程 / 67

卷帙浩繁,包罗万象 / 69

乱世凋零 / 70

## 清宫祖传宝器

### ——金瓯永固杯 / 72

雍容华贵,价值连城 / 72

金瓯永固杯的用途 / 73

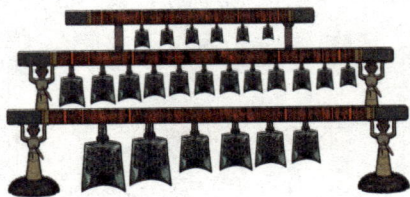

# 古朴神秘的
## 彩陶人面鱼纹盆

　　彩陶人面鱼纹盆是新石器时代的陶器，1955年出土于陕西西安半坡遗址，目前收藏于中国国家博物馆。彩陶人面鱼纹盆是仰韶彩陶工艺的代表作，盆中人面和鱼纹组成了构思独特、艺术想象力丰富的图案，吸引着后人去解读和畅想。

## 揭秘半坡遗址

　　半坡遗址是新石器时代仰韶文化聚落遗址，处于西安市以东，是一个母系氏族公社村落遗址，生动地为后

人展示了6000多年前先民们生活和生产时的情景。遗址分成居住区、制陶区、墓葬区三大部分，包括40多处房屋遗迹和超过200座墓葬，总发掘面积超过1万平方米。半坡遗址的房屋多是地面和半地下式的，还有供氏族集体活动的长方形大屋。

## 精美细腻的彩陶

人们在半坡遗址中发现的工具和用具超过1万件，其中的陶器多为细泥红陶。古人将细泥捏成型制成陶胚后，再用类似毛笔的工具在上面绘制各类图案，通常是人面、鱼、鹿，有的还绘制着各种符号，有学者认为这些可能是最原始的汉字。绘制所用的颜料通常是用赤铁矿粉和氧化锰制成的。绘制完成后入窑烧制，烧制完成后通常是在橙红的底色上呈现出黑、红两种颜色。红陶黑彩相得益彰，带给人鲜艳而不失厚重的感受，可见当时的彩陶工艺已经发展到了鼎盛阶段。

## 彩陶的巅峰之作

　　彩陶人面鱼纹盆作为半坡遗址文物中的一颗明星，也是我国彩陶艺术的代表性作品。盆高16.5厘米，口径39.8厘米，整体上呈红色，口沿上绘有间断的黑彩带。盆的内壁用黑彩绘出了两组对称的人面纹和鱼纹，构图大胆、夸张，图案整体上古朴简洁，又有几分奇幻色彩。其中的人面为圆形，整体上显出悠然自得的神情，头顶有高耸的发髻一样的尖状物，还有着鱼鳍一样的装饰，前额左半部分是黑色的，右半部分呈半弧形的部分涂黑。双眼细而平直，鼻梁高耸，口中的图案像是两条小鱼。人面之间，是两条三角形的同向追逐的大鱼，鱼眼为圆形的，鱼鳞画成了斜方格。不过寥寥数笔，鱼的形、神都被具体细微地表现出来了，富有动感和生气。

## 神秘图案的含义

　　彩陶人面鱼纹盆的神秘图案究竟蕴含着什么样的意义？几十年来无数学者做出了种种猜测，争论不断。例如，有的学者认为这些图案与半坡人的经济生活有关。半坡遗址出土的许多陶盆都有鱼纹和网纹图案，半坡人过的是以农业生产为主的定居生活，但也会进行采集和渔猎，鱼纹装饰可以说是他们生活的写照。也有学者认为人面鱼纹是权力的象征，只有部落内掌权的人才有资格使用该图案。更有学者大胆假设，人面鱼纹就是原始文字的雏形。考古资料显示，关中地区多处史前遗址的

文物上都有与半坡遗址出土的文物上相似的刻画符号，可能具有特定的类似文字的含义。

考古资料显示，这类陶盆多数是儿童瓮棺的棺盖，是一种独特的葬具。当时巫术盛行，于是有人推测彩陶人面鱼纹盆上面的图案是一名信奉鱼神的巫师。绘制巫师形象的目的，或是为不幸夭折的儿童招魂，或是为儿童的来世祈福。总之，彩陶人面鱼纹盆有着极强的艺术感染力以及丰富的人文内涵，不愧为公认的彩陶艺术精品。

### 半坡遗址中的尖底瓶有哪些特点？

半坡遗址中颇具特点的尖底瓶也受到人们的广泛关注。尖底瓶是一种汲水器，巧妙运用了力原理中的重心：瓶子的双耳上系着绳子，瓶子接触水面后，就会在水的浮力作用下自动倾斜，灌满水后又会竖起来，用来从水井中汲水是很方便的。而且尖底瓶方便手提与肩背，由于口小，返回的路上水也不易洒出，这些特征处处体现出古人的巧思。

# "中华第一龙"
## ——红山玉龙

中国人常以"龙的传人"自称，对龙这一想象中的生物的喜爱体现在生活的方方面面。中国人是何时创造出龙这一形象的？无数学者致力于寻找答案。其中，收藏在中国国家博物馆的"中华第一龙"——红山玉龙，对解决这一问题有着非比寻常的意义。

## 认识红山文化

20世纪30年代，在辽宁赤峰（今内蒙古赤峰）发现了红山文化遗址。此遗址属于新石器时代，年代大致与仰韶文化相当，距今五六千年。红山文化延续时间达2000年之久，处在母系氏族社会的巅峰。红山人以女性血缘群体为纽带，经济形态以农业为主，并进行放牧与渔猎。当时的手工业已经达到很高的水平，陶器以"之"字形纹的陶器和彩陶为主要特色，花纹丰富，造型古朴。用于切割刮削的细石器工具已经非常发达，与大型打制、磨制的石农具共存。

红山文化最富特色的要数大量出土的玉器，如玉龟、玉凤、玉兽、玉龙等，工艺高度发达，是史前玉器雕琢和使用进入鼎盛阶段的主要标志。

## "中华第一龙"出世

1971年，在赤峰市以北的翁牛特旗赛沁塔拉村的北山岗上，一个村民耕种梯田时，从一个石洞中摸出了一个像钩子一样的玉器。他带着玉器来到当地文化馆，文化馆的干部用30元征集了这件文物，办理手续后只当是普通文物，锁进了箱子里。

到了1984年，在辽宁建平的牛河梁遗址，考古人员发现了一对黄绿色的玉猪龙，猪首龙身，蜷曲成环状，精美绝伦，被认定为红山文化中玉器的代表。消息传到翁牛特旗文化馆，文化馆负责人立刻想到十余年前发现的那件玉器，并带着它赶到北京，请专家鉴定。鉴定的结果是，这件玉器也是红山文化的重要遗物，而且是发现得最早的龙形文

物。这块玉器因而被称为"中华第一龙",并迅速跻身国宝行列。

虽然后来又发现了年代更早的龙形文物,但这件玉龙的典型意义依然不容置疑。它对于研究我国远古的原始宗教、龙的起源和龙形发展的序列,都有重要意义。

## 造型独特,精美绝伦

"中华第一龙"是用墨绿色的岫岩玉雕琢而成的,高26厘米,整体呈"C"字形,像一条弯曲的蛇。龙的吻部前伸,略向上弯曲,嘴紧闭。双眼凸起呈梭形,眼尾细长并上翘。鼻部前突,上翘有棱,有两个并排的鼻孔,略微有猪首的特征。龙的颈背有长为21厘米的鬣,刻着不显著的浅凹槽,边缘为锐角,弯曲上卷。龙背上还有对钻的单孔,用绳子穿起后,龙的首尾正好呈向下的水平状态,可见孔的位置是经过精确计算的。龙尾是内卷的,使玉龙整体上酷似甲骨文中的"龙"字,也恰如一条即将出水的蛟龙正翻腾而起,看起来生机勃勃。

这条玉龙雕琢精美,光洁圆润,全身大部光素无纹,只有前额及颚底刻着细密凸起的方格网状纹。玉龙通体琢磨,运用了浮雕、浅浮雕等手法,代表了当时琢玉工艺的发展水平。它没有我们熟悉的龙腿、龙爪、龙角、龙鳞，是早期龙形象的体现。整体造型简洁、生动、夸张，具有神秘色彩。

我们知道，龙是一种复合型的动物。关于红山玉龙的原型，研究者众说纷纭。有的说是猪，有的说是熊，还有的说是鹿。也有研究者认为红山玉龙的形象并非参考一般的动物创造的，为了保持其神性，可能是在对各种动物进行观察后创造出的一种复合形象。

## 红山玉龙的用途是什么？

红山玉龙是先民文化精神的物化，也是他们神话思维的精神载体及巫术思想的外在表现，这一点是不难理解的。但是对于玉龙的具体用途，目前尚无定论。它形体硕大，是不适合当普通饰物的，因此被推断为人们进行原始宗教仪式时使用的礼器。

# 镇国宝鼎
## —— 后母戊鼎

后母戊鼎，原本被称为司母戊鼎，是商朝晚期的青铜器，现藏于中国国家博物馆。后母戊鼎是已知最重的青铜器，雄伟庄严、工艺精巧，是商朝高度发达的青铜文化的代表之作，也是世界上极其珍贵的青铜器文物。

## 国宝的乱世传奇

1939年3月，处于殷墟遗址核心区域的河南安阳武官村的几名村民挖出了一个罕见的大鼎。当时，日本侵略者处心积虑地勒索或强购中国的文物，得知消息后曾到村中搜查，但没有找到。后来，一个古董商人提出购买大鼎，但要求村民们将其分割成几块，于是村民们砸了很久，只砸掉了一只鼎耳，但是无力继续切割，商人也因此拒绝购买。为了防止大鼎被日本人抢走，村民们又将大鼎埋了起来，大鼎在地下沉睡了数年。

1946年，村民们将大鼎重新掘出，上交到当时的中央博物院（今南京博物院的前身）筹备处，那只被砸

下来的鼎耳却不知所踪。国民党败退台湾时，曾想将大鼎运走，因难以搬运，再加上时间仓促，不得不放弃。1950年，南京博物院请人重铸了一只鼎耳。1959年，大鼎被运往中国历史博物馆（今中国国家博物馆）收藏。

## "司""后"之争

"司母戊鼎"这个名字，是由考古学家郭沫若先生所定，沿用了数十年，具有相当高的社会认知度。他当时将鼎腹内壁的铭文释读为"司母戊"，认为"司"就是祭祀的意思，"母戊"则是商王文丁的母亲，名戊。这样一来，下令制作大鼎的人也被认定为文丁。

但是，考古学界很多学者并不认同铭文是"司母戊"

这个观点，他们认为，铭文刻的是"后母戊"三字。因为铭文虽然是一个"司"字，但古人也有将"后"字反写的状况，而"后"作为对戊这位商王后的称呼，是比较合适的。

两派学者的争论在社会上受到了广泛关注。这种争论无疑体现出人们对该鼎的喜爱。2011年，中国国家博物馆在图录和展览中，正式将该鼎称为"后母戊鼎"，激起了不小的波澜。

## 礼器之尊

后母戊鼎重875千克，高133厘米。整体为方形，深腹，有一对立耳，四足是中空的。鼎身四面的中央是无纹饰的长方形，其他部位都有纹饰。围绕在长方形四周的主要是饕餮纹，其他部位主要为细密的云雷纹。四面交接处用凸出的条状物（即扉棱）装饰，扉棱之上为牛首，下部则为饕餮。鼎耳的外廓是两只口含人头的猛虎，耳侧则为鱼纹。四只鼎足的纹饰是弦纹与兽面的结合，颇具匠心。

在当时，鼎原本是烹饪、饮食的器具，用来炖煮和盛放肉、鱼等，是贵族常用的炊具，后来成了举行祭祀时的礼器。鼎作为奴隶主才能使用的重器，是等级差别

的标志，逐渐演变成王权的象征。特别是大禹铸九鼎的传说，更让鼎从炊具演变为传国的重器。

在我国出土的大量鼎中，后母戊鼎那无与伦比的巨大形制、庄严雄伟的造型，还有那精美的纹饰，都让它成为不折不扣的礼器之尊。再加上它传奇的经历和"司""后"之争，这尊镇国宝鼎更是蜚声中外。

### 巨大的后母戊鼎是如何铸造成的？

考古工作者认为，后母戊鼎是采用组芯的造型方法铸造而成的，即先用土塑造出大鼎的泥模，再用泥模翻制陶范，最后将陶范合在一起，浇注铜液。从后母戊鼎的铸造痕迹可以看出，它是用20块范铸成的，工艺十分复杂，且需要众多组织严密、分工细致的工匠协力铸造，是商朝高度发达的青铜铸造技术的象征。

# 臻于极致的青铜典范
## ——四羊方尊

四羊方尊诞生于商朝晚期，是一件祭祀用的礼器。四羊方尊造型精美绝伦，四个突出的羊头给人造成极强的视觉冲击和心理震撼。四羊方尊集浅雕、浮雕、圆雕为一身，铸造工艺极为高超，是商朝青铜器工艺品中的杰出代表。

## 从支离破碎中重获新生

1938年春，湖南宁乡月山铺村的山腰上，几名村民在耕作时意外挖出一件青铜器，这就是后来被称为"四羊方尊"的稀世珍宝。之后商人买走了四羊方尊，而后四羊方尊又被当时的长沙政府没收，保管在银行内。不久，日本侵略者兵临长沙城下，银行迁徙途中，车队遭日军战机轰炸，四羊方尊被炸成20余块碎片。这些碎片就存放在银行新址的仓库中的一只木箱内，长期无人问津。

1952年，湖南文管部门找到了四羊方尊的碎片，在文物修复大师张欣如的努力下，四羊方尊终于再现3000

余年前的风采。修复后的四羊方尊交给湖南省博物馆收藏，现收藏于中国国家博物馆。

## 精美绝伦的造型

尊是古代的一种盛酒器具，主要用于盛大的祭祀或宴飨等场合，属于一种礼器。尊与其他礼器不同，有着多姿多彩的造型，尤以动物造型居多，如象尊、豕尊、牛尊、雁尊等。在当时，羊有吉祥的寓意，因此羊尊较为常见，如双羊尊、三羊尊等，最杰出的代表自然是四羊方尊。

四羊方尊是目前发现的商朝方尊中最大的一个，高58.6厘米，重34.6千克，上口最大径44.4厘米。器身为方形，漆黑光亮，铸造精良。四羊方尊纹样繁缛，主题却很突出。通体装饰着云雷纹，敞口，长颈，鼓腹，下方是方形的高圈足。颈部为夔龙纹和兽面纹，肩部装饰着立体的龙纹，龙角直立。最显眼的，自然是器身四角高浮雕的羊头。四个羊头的头部和颈部突出，粗壮有力的羊角向内卷，炯炯有神的双目凸起，尊的腹部即为羊的前胸，羊腿浮雕于高圈足上。高圈足装饰着夔龙纹，与颈部的纹饰互相呼应。四个边角和四面的中线都有扉棱，既能增强气势，又巧妙地掩盖了铸造时合范导致的瑕疵。

## 技术与艺术的完美结合

四羊方尊集线雕、浮雕、圆雕于一身，兼具平面图像和立体雕塑的美感，又让器皿和动物形状进行了巧妙的融合。要完成这样的作品，非凡的想象力和高超的制造技艺缺一不可。四羊方尊是采用复合陶范及分铸法浇铸而成的。全器以扉棱为界，口颈、肩腹和圈足三大段分成24块陶范，再加上尊腔、圈足泥芯和盖范，共27块陶范、泥芯，羊角和龙头则是事先铸好的，嵌入范中后进行浇铸。巧妙的分铸法和高超的合范

技术，使得四羊方尊显示出浑然一体的效果。

从整体上看，四羊方尊稳重雄奇，又有着灵动、平和的特点；有传统青铜器神秘古朴的意味，又不乏意趣和活力。同时，四羊方尊也是商周青铜"三层花"的典型代表：第一层称"地纹"，是器物主体纹饰的背景，也就是遍布四羊方尊表面的细密云雷纹；第二层是主体纹饰，指四羊与龙纹等；第三层指主体纹饰上的花纹，如四羊胸部和颈背部的鳞纹、两侧的长冠凤纹等。"三层花"工艺复杂，使用该工艺的青铜器，往往都是技术与艺术的完美结合品。

**为何说四羊方尊是殷商时期三苗文化的代表？**

三苗是上古时期赫赫有名的聚落，三苗聚居地出土的青铜器风格清新秀丽，与中原地区出土的同类青铜器的庄严古朴有所不同，但在造型上是相近的，可见商文化的影响已经到达长江以南地区。四羊方尊出土的位置属于当时的三苗地区，且风格兼具三苗的秀丽与中原的古拙，因此被视为殷商时期三苗文化的代表。

# 天下第一剑

## 越王勾践剑

春秋末期，吴越争霸的故事广为流传，其中"卧薪尝胆"的越王勾践更是家喻户晓的人物。曾伴随勾践征战四方的古剑的问世，令后人仿佛回到了2000多年前的金戈铁马的岁月。越王勾践剑造型精美，剑刃锋利且完好如新，再加上其主人不同凡响的身份，这柄剑便有了"天下第一剑"的美誉。

### 认识越王勾践

越王勾践是越王允常之子，继位不久就击败了大名鼎鼎的吴王阖闾，令阖闾伤重而死。阖闾之子夫差继位后，在夫椒之战中击败越军，勾践乞降，到吴国都城给吴王夫差当了三年的奴仆，受尽屈辱，最后被放回越国。勾践回国后为了激励自己复仇，在房间里挂了一只苦胆，处理国事和日常起居中经常舔一下苦胆，告诫自己不要忘了过去的屈辱。他鼓励生产、奖励生育，用了20年的时间使越国的国力超过了吴国，并趁吴国与中原诸侯国争霸的机会一举击败吴国。后来吴王夫差自杀，吴国被越国吞并，勾践成为春秋时期最后一位霸主。

越王勾践如此传奇的经历，让有关他的文物都抹上了一层传奇色彩，也让越王勾践剑的问世产生石破天惊般的效果。

## 王者之剑

1965年12月，考古人员发掘距离楚国国都旧址纪南城（今湖北荆州荆州区）不远的一座楚墓时，在墓主人的左手边发现了一柄装在黑漆木制剑鞘中的青铜剑。剑身毫无锈蚀，寒光凛凛，刃薄而锋利，20余层纸一划而破。剑身上还有八个错金鸟篆体铭文，其中"越王""自作用剑"六个字较易辨认，关于越王的名字的说法却无法达成一致。后来，中国古文字学家唐兰先生认为越王的名字当为"鸠浅"，而"鸠浅"正是大名鼎鼎的越王勾践的本名。后来，诸多专家也认同了这一说法，这八个铭文被认定为"越王鸠浅自作用剑"。也就是说，这把剑是勾践让人铸造并亲自使用的。

这样一来，一个新的难题诞生了：墓中出土的竹简显示出墓主人是楚国的一位贵族，越王勾践的佩剑为何会出现在他的墓中呢？有两种解释较为常见。第一种解释认为，楚国灭掉越国之后，越王勾践剑成为战利品，甚至有可能是墓主人亲自获得的，顺理成章成了他的私有物；第二种解释认为，越王勾践的女儿是楚昭王的妃子，这柄剑可能是作为陪嫁品到了楚国，后来又被楚王赏给墓主人。第二种解释较为合理，但目前缺乏有力证据来证明。

## 高超的铸造技艺

越王勾践剑现藏于湖北省博物馆，全长55.7厘米，剑身宽4.6厘米，剑首呈圆形，内铸有10余道极其精细的同心圆圈。剑身光滑明亮，装饰着菱形几何暗花纹，其中一面铸着八字铭文，有着非凡的艺术美感。剑柄上缠着丝绳，剑格两面分别用蓝色琉璃和绿松石镶嵌成美丽的纹饰。

根据科学测定，此剑是由含铜、锡与少量的铅、铁、镍和硫等材料的合金铸成的。其中，剑脊含铜量较多，令其坚韧、不易折断；剑刃含锡量高，保证其坚硬程度和锋利程度；剑身花纹处含硫量高，硫化铜可以防止锈蚀。这种合理的材料成分充分反映了此剑铸造技术之高超。特别是剑刃的精磨技艺水平，简直可以与当代精密磨床生产的产品相媲美。

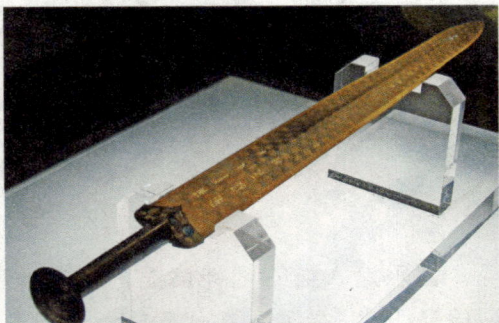

### 越王勾践剑出土时为何光亮如新？

研究者认为，越王勾践剑之所以在地下埋藏2000余年依然光亮如新，是多方面因素导致的。例如，此剑埋藏在含氧量极少的中性土层中，与外界环境基本隔绝，避免了锈蚀；剑鞘始终紧紧包裹着剑身，也起到了防锈的作用。

# 青铜绝响，妙音千古
## —— 曾侯乙编钟

音乐是人类的精神食粮，对娱乐方式相对较少的古人来说更是如此。特别是古代贵族，他们不仅将音乐视为消遣，也视为区分等级、教化百姓的工具。古代的乐器保留到今天的不多，其中曾侯乙编钟是迄今为止世界上发现的最雄伟、最庞大的乐器，代表着先秦时期礼乐文明与青铜工艺的最高成就。

### "编钟之王"问世

1977年9月，空军某部在湖北随县（今湖北随州）扩建厂房时，发现了一座古墓，立刻请来考古专家进行实地勘测，发现古墓已经遭到破坏，必须最大限度抢救文物。次年5月，考古队正式开始抢救性发掘工作。经过一番努力，发掘出大量珍贵文物，特别是一组雄伟壮观的编钟群。这组编钟群是我国文物考古的空前发现，在世界音乐史和冶铸史上也占据重要位置。编钟上有错金铭文"曾侯乙作持"，因而得名"曾侯乙编钟"，现藏于湖北省博物馆。

　　曾侯乙编钟数量巨大，品种丰富，制作精良，保存完好，是令人叹为观止的考古奇迹。这套编钟共65件，共分为3层，挂在呈曲尺形的铜木结构的钟架上。钟架横梁两端的青铜套，采用浮雕及透雕的方式装饰着龙纹或花瓣形纹饰。上层的称钮钟，共19件，中层和下层的称甬钟，共45件，还有1件为镈钟。中、下两层的立柱，每层均为3个面容肃穆的铜质佩剑武士。钟上均有篆书铭文，共3700余字。编钟里最轻的为20余千克，最重的则超过200千克。所有编钟加上钟架和木制横梁，总重量超过4吨！

## 独特的镈钟

　　在65件编钟中，有一件非常独特，就是那件雕饰格外精美，铭文风格与钮钟、甬钟都截然不同的镈钟。钮钟和甬钟的铭文多为乐律方面的内容，镈钟则记载了一件曾国与邻国楚国的外交事件：约公元前433年，曾侯乙病逝，楚惠王专门命人铸造了这件精美绝伦的镈钟送到曾国。曾侯乙的继承者将镈钟挂在了最显眼的位置，以示对楚王的尊重，而后将整套编钟埋入了曾侯乙的墓室。

楚惠王为什么如此重视曾侯乙呢？专家考证得知，曾国就是史书上记载的随国，在汉水东部一带。春秋末期，楚国实力较为强大，曾国实力却很弱小。但是，弱小的曾国曾成为楚王的庇护所。《史记》记载了"昭王奔随"这个故事：公元前506年，吴国大将伍子胥率大军攻破楚国都城，几乎灭亡楚国。楚昭王逃到了楚国的属

国——随国境内。吴
王阖闾听说后，亲自
率军赶到随国，威胁
随侯（即曾侯，当为
曾侯乙的先人）交出
楚昭王。随侯不肯，
吴王只得离开。后
来，楚秦合兵迫使吴军撤走，楚昭王复国。楚惠王是楚昭
王之子，当然对随侯心存感激，因此在曾侯乙去世后赠送
了这件精美的镈钟。

## "此曲只应天上有"

　　曾侯乙编钟除了楚王赠送的镈钟，每件都能发出两
个乐音，涵盖七声音阶，音域跨越五个半八度，中心音
域十二个半音齐全，可见战国时期已形成了完整的音乐
理论。这套编钟音质纯正、音色优美、音域宽广，可以
用来演奏各种采用和声、复调以及转调等手法的现代中
外乐曲。

　　由于曾侯乙编钟原件太过珍贵，无法用于日常演奏，
至今仅公开奏响过三次。1978年8月1日下午，在武汉军
区的一个礼堂内，工作人员使用曾侯乙编钟进行了两个

多小时的演奏，曲目包括《东方红》《楚殇》《一路平安》《草原上升起不落的太阳》等，最后以《国际歌》落幕。这些乐曲包括古今中外各种风格，曾侯乙编钟都能进行演奏，且音色、音质十分美妙，真是"此曲只应天上有，人间能得几回闻"。

**曾侯乙编钟采取了哪些先进的工艺技术？**

曾侯乙编钟所用的合金有着合理的声学特性，它用浑铸、分铸法铸成，采用了铜焊、铸镶、错金等工艺技术，装饰技法方面则包括圆雕、浮雕、阴刻、彩绘等。总之，这套编钟代表着我国先秦时期青铜器铸造技术的最高成就。

# "世界第八大奇迹"
## ——兵马俑

　　我国古代陶塑艺术在秦汉时期发展到了巅峰，其代表就是秦始皇陵兵马俑。兵马俑展现了精湛的工艺和恢宏的气势，是20世纪人类最伟大的考古发现之一。今天，兵马俑已经成为华夏文明的代表，也是全人类共同的精神财富。

## "千古一帝"的地下王朝

　　秦始皇名叫嬴政，是春秋战国时期西方诸侯国秦国的第三十一任国君，也是我国历史上第一位称皇帝的君主。在几代秦王励精图治的基础上，嬴政"奋六世之余烈"，消灭六国，统一了中原。随后，他推行郡县制，统一文字、车轨、度量衡，又修筑长城、南征北战，大大扩张了国土。公元前210年，秦始皇在巡视辽阔国土的途中病逝了。不久，秦二世继位，将秦始皇葬入秦始皇陵。

　　秦始皇陵是秦始皇生前就开始建造的，耗费了近40年的时间才完工，是我国历史上第一座规模庞大、设计完善

的帝王陵寝。秦始皇陵整体上仿照秦都咸阳的格局，地上部分以封土堆为中心，传说中的地下宫城极尽奢华，建有各式宫殿，陈列着从六国搜罗来的奇珍异宝。在古人的记载中，地宫用水银铺地，点着永远不会熄灭的长明灯，还有无数抵御盗墓贼的机关。这座空前绝后的帝王陵墓，是"千古一帝"秦始皇的地下王朝，也是他无上权威的象征。

## 兵马俑横空出世

1974年3月，一个居住在秦始皇陵东侧村中的农民在一片荒芜的沙地上挖井。他挖着挖着，发现了一些陶俑残片和青铜兵器。当地文化馆的工作人员得到消息后，对现场做了初步清理，并向上级机关汇报。考古队经过一年多的精心勘察与试掘，发现这里的地下是一座大型的陪葬坑，并从坑中掘出部分陶俑、陶马。1976年，考古队又在首次发现的兵马俑坑的北侧发现了两个兵马俑坑，此外还发现了一个有坑无俑的陪葬坑。

一、二、三号兵马俑坑总占地面积达20 000余平方米，共出土陶俑、陶马近8000件。其中的陶俑身高通常在1.8米以上，比例匀称、神态逼真，根据服饰等可分成不同的身份和不同的年龄，而且每个陶俑都有着不同的神情，堪称千人千面。

陶俑主要包括军吏、武士、骑兵、车兵、驭手、弩兵（分为立射与跪射）等，均与现实中的军队一般无二。

陶马分为车马（用来挽拽战车）与乘马（用来骑乘），身长一般超过2米，高1.7米以上，造型写实，身体健壮、双耳直竖、眼睛圆瞪，看起来简洁明快。

制作这些陶俑和陶马的，都是秦朝的普通工匠。他们尽职尽责，对每一件作品都追求尽善尽美。在他们的努力下，陶俑的衣甲、发丝，以及陶马鞍鞯上的纹饰，都生动鲜活、纤毫毕现。虽然我们在今天看来，陶俑与陶马都是土黄色的，其实在出土之初，很多陶俑和陶马都保持着鲜艳和谐的色彩。例如，为了模拟肌肉的质感，陶俑的脸部和四肢染成粉红色，须发眉毛染成黑色，眼珠染成黑色，眼角染成白色，甚至连瞳孔都有彩绘。陶俑的衣服以朱红、粉绿、粉紫、天蓝四色居多，衣领、衣襟、衣袖等边缘位置则染成彩色。可惜的是，这些颜色在出土后十几秒就发生了氧化，变成我们现在见到的土黄色了。

## 雁行之阵

总数近8000件的陶俑、陶马，并不是随意地分布在3个俑坑中的，而是真实再现了实战车阵，是当时日趋成熟的雁行之阵的模拟。雁行之阵得名于大雁集群飞行时的斜行，可以对敌人的两侧进行攻击，非常适合秦军中

威力巨大的弩兵的发挥。任何冲进雁行之阵的敌人，两侧都将遭到装备精良的弩兵的交叉射击。

一号俑坑主要为车兵与步兵组成的庞大军阵，二号俑坑是弩兵、骑兵、车兵形成的混合军阵，三号俑坑则是一、二号俑坑的指挥部。俑坑中的军阵布局和兵种排列都是完全按照实战需要安排的：执弩的前锋射击后，迅速退到军阵的两侧，主力兵种迅速冲出，形成掎角之势攻击敌人。骑兵迅猛地袭击敌军侧翼，步兵和车兵负责形成包围，力求歼灭敌人。

在当时，秦军的军阵变化万千、迅疾勇猛，因而秦

军所向披靡，最终席卷天下，帮助秦始皇建立了我国历史上第一个统一的封建王朝——秦朝。

### 兵马俑坑中的青铜兵器有哪些特色？

兵马俑坑中有超过 40 000 件青铜兵器，多数是秦军实战时使用的兵器，也有部分礼仪兵器。青铜兵器种类繁多，常见的有剑、钩、矛、戟、戈、弓、弩等。此外，俑坑中还散落着无法计数的青铜箭镞。青铜兵器规格统一、制作精良，又经过了铬盐氧化处理，有很强的防腐抗锈能力。

# "青铜之冠"
## ——铜车马

　　秦始皇陵到底蕴藏着多少珍宝，至今还是个未知数。除了"世界第八大奇迹"兵马俑，人们从秦始皇陵中还发掘出了两乘号称"青铜之冠"的大型铜车马。铜车马有着极为复杂的制作工艺，结构和比例都非常准确，至今门窗开闭自如，堪称世界冶金史上无与伦比的杰作。

## 令人震惊的新发现

　　秦始皇曾经命人修筑了从都城咸阳到全国各地的驰道（又名直道），是最早的高速公路。接着，他就乘上马车，通过驰道向各个方向奔驰，不知疲倦地巡视着自己广袤的领土。秦始皇每次出巡，都会带着庞大的车马队伍，向四方展示朝廷的强盛，彰显地位。秦始皇病逝后，根据"事死如生"的原则，彩绘铜车马应运而生。

　　这两乘铜车马深埋在秦始皇陵封土西侧，距地面7米以下，被土层压成了3000余块，考古人员用了很长时间才将其清理完成，又用了近8年的时间，终于将这些基本齐全的构件修复成形，其中"秦铜车马一号车修复"还获得了国家科技进步二等奖。

铜车马是我国考古史上出土的体形最大、结构最复杂、系驾关系最完整的车马文物，也是最大的组合型青铜器，同时它还提供了很多青铜制造与冶炼技术、宫廷舆服制度、车辆结构等方面的实物资料，兼具艺术价值和史料价值。

## 复杂的结构

修复后的铜车马金光灿灿、五光十色，包括八匹铜马、两个铜驭手，是按照秦朝真人、真车、真马的二分之

一的比例制作的。一号车叫立车，又称戎车、高车，铜驭手站在车上，负责在前方开路警戒；二号车叫安车，铜驭手跪坐在车上，主人坐在主舆中。

一号车车厢很小，四面裸露，铜驭手站在伞下，一脸严肃、神情专注、威风凛凛，头上戴着双卷尾冠，背挎宝剑，手边放着弓弩，伞下还有几支箭。可见，这位铜驭手还有着保护安车中皇帝安全的职责。安车分成前后两室，前室很小，只能容纳一名铜驭手，这位铜驭手头戴双卷尾冠，身穿长襦，腰佩短剑。后室就是供皇帝乘坐的主舆。主舆上方有篷盖，前方有一扇门和一扇窗，两侧也各有一扇窗。

## 精致的工艺

铜车马主体材料为青铜，使用的金银装饰重量达10余千克。两乘共包括7000多个零件，每个零件都是分别铸造的，之后再运用嵌铸、焊接、铆接、子母扣、销钉连接等10余种不同的机械连接工艺组装而成。

两乘铜车马无论是人的衣服、马的鞍鞯，还是车上的每一个零件，都进行了彩绘。颜色五光十色，有红色、粉色、绿色、蓝色、白色和黑色等。而且颜色的运用非常合理，如马是白色的，但马的鼻孔和口腔都是粉红色

的。车身上还绘有种种精美的纹饰，如夔龙纹、流云纹、菱花纹等。

**铜车马的修复为何得到广泛赞誉?**

铜车马的修复人员需要根据 7000 余个零件的大小、位置、残破程度、有没有彩绘等情况，采用焊接、销钉、胶接等多种方法进行修复。有的零件已经被挤压变形，还需要先进行矫正才能继续修复。可以说，铜车马的修复体现出当时我国文物修复的最高水准，因此得到广泛赞誉。

# 斯人已去，金玉永存
## —— 金缕玉衣

　　金缕玉衣是一种由金线缕结的玉质丧葬殓服，是汉朝规格最高的殓服，只有皇帝及部分高级贵族才有资格使用。目前出土的金缕玉衣已经有20余件，最著名且出土最早的，就是现藏于河北省博物馆的西汉刘胜及其妻窦绾墓中出土的两件。

## 珠襦玉匣

　　今天所说的金缕玉衣，其实是古书中"珠襦玉匣"的俗称。在我国古代，黄金被视为不朽之物，西汉桓宽在《盐铁论》中说："言仙人食金饮珠，然后寿与天地相保。"而玉更是从上古时代就被视为"通灵"之物，《玉经》中说："服金者寿如金，服玉者寿如玉。"因此，汉朝的贵族迷信地认为，用金和玉做成殓服，就能令遗体不朽，得以永生。于是，他们用玉片做成铠甲状的玉衣，接着按照等级秩序，天子及近臣用金线编缀玉衣，其他贵族则用银线或铜线来编缀，分别称其为"金缕玉衣""银缕玉衣""铜缕玉衣"等。

西汉贵族阶级的厚葬之风与当时生产力水平的提高有很大的关系，再加上"事死如生"的传统观念，于是诞生了金缕玉衣这种极度奢侈的丧葬习俗，造成财富的大量浪费。根据后人估算，制作一件中等型号的玉衣的花费，就要超过当时一百户中等人家的家产总和。

讽刺的是，金缕玉衣带给墓主的不是"不朽"，而是灾难。因金缕玉衣的存在，汉朝贵族的陵墓往往成为盗墓贼的目标。东汉末年乱世中，还出现董卓、吕布、曹操等枭雄率大军盗墓的事。汉朝皇帝的陵墓几乎尽数被盗，很多时候，盗墓贼剥取金缕玉衣后，还会毁坏皇帝、皇后或贵族的尸体。即使少数汉朝贵族的陵墓幸免被盗，其中的尸骨也早已化为泥土了，谈何"不朽"？因此，到了三国时期，魏文帝曹丕下令停止使用金缕玉衣，这一丧葬陋俗才正式终止。

## 刘胜的另一种"不朽"

1968年，解放军某部在满城县（今河北保定满城区）

进行施工时，发现了西汉中山靖王刘胜及其妻子窦绾的墓，墓中出土了金缕玉衣、长信宫灯和错金博山炉等国宝级文物。

刘胜是汉景帝刘启的儿子，被封为中山靖王。他喜好酒色，生活极为奢靡，有子孙120余人，其后人数量更为庞大，其中就包括著名的蜀汉开国皇帝刘备。小说《三国演义》诞生后，无数读者也记住了常被刘备挂在嘴边的中山靖王。再加上金缕玉衣的出土，刘胜这个资质平庸、毫无建树的诸侯王便达到了另一种意义上的"不朽"。

刘胜墓中的金缕玉衣是出土最早的金缕玉衣，同时具有典型性。该金缕玉衣全长1.8米以上，和男子体型一致，用了约2500片玉片和1千克以上的金丝。玉衣分为头部、上衣、袖筒、手套、裤筒和鞋6部分，各部分均可彼此分离，头部有脸盖与头罩。使用的玉片大部分为方形，也有少数是梯形、三角形和多边形。玉衣做工精细，玉片为较为珍贵的岫岩玉，排列非常整齐，对缝严密，表面平整，色泽协调，是令人惊叹的艺术瑰宝。

此外，玉片的切割、钻孔、打磨，金丝的拔制及玉衣的整体编缀，都采用了当时最为先进的技法，花费的人力和物力自然是极为惊人的。与金缕玉衣配套的，还有鎏金镶玉铜枕、玉九窍塞、玉握和玉璧等，均代表着汉朝丧葬用玉的最高规格。

### 窦绾墓中的长信宫灯为何也被视为稀世珍宝？

长信宫灯是一件精美的青铜器，曾是刘胜的祖母窦太后所居长信宫中的灯具，故而得名。长信宫灯的造型是一名通体鎏金、双手执灯的呈跪坐姿势的宫女，优美别致，设计得也很巧妙，右臂的袖子实际上是排烟管道，使烟烬能够纳入其体内。灯座、灯盘、灯罩均可拆卸，灯盘可以转动，罩板还可以自由开合，因此能够随意调节灯光方向和亮度。此灯设计极其精巧，制作工艺也非常高，因而被视为稀世珍宝。

# "薄如蝉翼轻如烟"
## —— 素纱单衣

素纱单衣出土于湖南长沙马王堆一号汉墓，是用极轻、极细的蚕丝制造而成的，重量仅有49克，是迄今出土的最早、最薄、最轻的服装，真正做到了轻如烟雾、薄如蝉翼，展示了汉朝丝织工艺令后人难以置信的高水平。

### 古墓稀世珍宝——马王堆汉墓

在湖南长沙芙蓉区东郊，有一个被称为马王堆的地方，据说是五代时期割据长沙的马殷的家族墓地，故得此名。1972年，考古人员对马王堆进行抢救性挖掘，发现那里并不是马殷的墓地，而是一座汉墓。一号墓室打开后，人们发现棺椁保存完好。棺椁中是一位保存完好的汉朝贵妇遗体，根据墓中物品上的铭文，可以知道她是西汉长沙国丞相利苍的妻子，名为辛追。辛追遗体保存时间之长、程度之完好，都是非常罕见的。

辛追的墓中有千余件陪葬品，最珍贵的要数丝织品，保存完好的丝织品包括素纱单衣、素绢丝棉袍、朱罗纱棉袍、绛绢裙、丝履、丝巾等。其中有两件素纱单衣，是世界上最轻的丝织品。

除一号墓室，考古人员又发现了二号墓室，墓主人就是利苍；随后发现的三号墓室，墓主人应该是利苍和辛追的儿子。三座墓室共出土3000余件珍贵文物，除了丝织品，还包括漆器、彩俑、乐器、兵器、印章、帛书、帛画等。

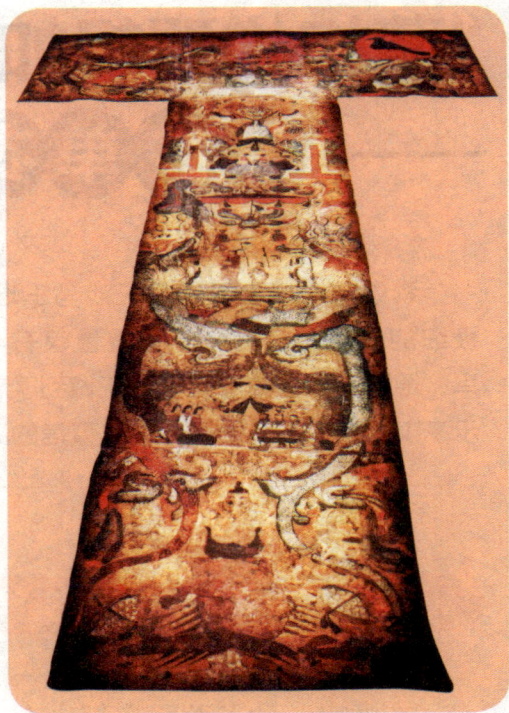

## 国宝被毁案

素纱单衣出土之时共两件，一件为48克，一件为49克。今天，湖南省博物馆的镇馆之宝就是那件49克的素纱单衣。48克的那一件在出土11年后，在一场盗案中灰飞烟灭了，令人扼腕叹息。

那是1983年秋天，一名17岁的青年潜入了湖南省博物馆，盗走了马王堆汉墓出土的30余件珍贵文物，其中就包括两件素纱单衣。青年被抓获后，其母为了销毁罪证，将包括48克素纱单衣在内的数件文物烧毁，又将几件无法烧毁的文物与灰烬一起冲入厕所。只有那件49克的素纱单衣幸免于难。虽然青年与其母都受到了法律应有的惩罚，但几件稀世珍宝就这样永远消失了。

随后，研究人员开始复制素纱单衣，他们经过20年的努力，终于复制出一件外观、色彩、尺寸、手感、质感都与原件一模一样的素纱单衣，重量为49.5克。

## 高超的丝织工艺的产物

素纱单衣为何如此珍贵？复制起来又为何如此困难？我们来对49克的那件素纱单衣进行一番了解，就能知道它有哪些可贵之处了。

这件素纱单衣为交领、右衽、直裾，包括上衣和下裳两部分，有人认为是内衣，也有人认为是罩在外面的衣服。衣长128厘米，两通袖长190厘米，但重量仅有49克，不足一两，透光率达75%。如果不计袖口、领口等较重的边缘，重量就只剩下半两了，可以折叠后放进火柴盒。

为什么素纱单衣如此之轻呢？研究人员发现，2000余年前，蚕丝纤度只有11.2旦（指每9000米丝的重量为11.2克）。而蚕经过2000余年的进化，已经变得更为健壮、肥胖，吐出的丝也要粗很多，现在最高级丝织物的纤度有14旦左右了。除了蚕丝纤度的优势，素纱单衣的珍贵还在于高超的丝织工艺，它是西汉初期养蚕、缫丝、织造工艺的最高水平的产物。

### 辛追夫人的遗体为何千年不朽？

根据研究人员推测，辛追夫人遗体千年不朽与墓室中近似真空的状态密切相关。墓室在地下16米左右，不透气也不渗水，恒温恒湿，封闭得非常严密。多达6层的涂漆厚木板棺椁，以及棺椁四周致密性很强的白膏泥与吸湿性很强的木炭，都让水和空气无法侵蚀遗体，创造出与外界隔绝的独特环境。此外，棺椁中的红色液体也可能含有防腐剂成分，可以杀死细菌。

# 妙趣横生的
## 击鼓说唱俑

在我国无数珍贵文物中，有一个"快乐的说唱家"，就是现藏于中国国家博物馆的击鼓说唱俑。这个东汉时期制作的陶俑，动作潇洒，表情夸张，嘴张得大大的，脸上的肌肉笑得鼓了起来，连额头的皱纹都笑得皱起来了。只是看一眼，就能想象出主人公正在卖力地表演诙谐的滑稽戏，不由得心情愉悦起来。

## 活泼憨厚的形象

击鼓说唱俑出土于四川成都天回山东汉崖墓，高56厘米，头上戴着头巾，袒胸露腹，肩膀高耸着，左臂环抱着一个鼓，右手举着鼓槌，正准备击打，两臂都有璎珞装饰。陶俑穿着宽松的裤子，正屈身蹲坐在地面上，赤着脚，右腿扬起。那夸张的动作、张口嬉笑的表情和夸张诙谐的神态，都流露出活泼憨厚之态，活灵活现地呈现出一位俳优说唱时的形象，反映出东汉时期塑造艺术的高超成就。

如果仔细观察，可以发现这位说唱艺人的身材比例

似乎与普通人不同，显得短粗矮胖，短短的胳膊和腿，脑袋大得不成比例。难道是雕塑家没有把握住人体各部分的比例，或者对人体的比例进行了漫画式的夸张？实际上，雕塑家对人体的塑造是非常准确的，因为击鼓说唱俑的模特是一位侏儒。在四川地区，考古学家还发现了其他与这尊陶俑相仿的雕塑，都是汉朝的作品。这些雕塑都是身材粗短、上身赤裸、动作夸张诙谐，可见在当时侏儒艺人是比较常见的。当然，汉朝的滑稽戏艺人并非全都是侏儒，但侏儒的演出的确更为人们所喜爱。

## 广受欢迎的俳优

这位看起来无比欢乐的滑稽戏艺人，在古代被称为"俳优"。这是一种古老的职业，他们中的佼佼者可以向君主献艺，生活是比较优越的，但更多的俳优还是生活在民间。《史记》记载，汉武帝就很喜欢俳优，"俳优侏儒之笑，不乏于前"。桓宽在《盐铁论》中也写道："富者祈名岳、望山川。椎牛击鼓，戏倡儛像。"可见，上至天子，下至富人家庭，都喜欢欣赏滑稽戏。

这些俳优为了生存往往远离故土，地位非常卑下，生活十分不易。但从另一个角度来说，俳优的盛行也是汉朝社会安定的象征。川渝地区自古号称"天府之国"，资源丰富，又善于生产精美的蜀锦，在战乱发生之前，此地的生活还是相对轻松而闲适的。在这样的背景下，俳优在此地盛行就是顺理成章的事了。在市井之地表演的俳优，表演内容多取自百姓的日常生活，为百姓的生活带来欢乐，具有积极意义。

**击鼓说唱俑蕴含着怎样的时代文化信息？**

击鼓说唱俑为我们提供了一个了解汉朝戏曲文化的渠道，体现了古代俳优和现代戏曲与音乐之间的联系，也是研究我国古代话本小说萌芽的重要资料。同时，这件陶俑还从侧面对汉朝社会的思想理念、风气习俗以及审美趣味进行了反映。

# 天马行空的
## 铜奔马

在我国的国宝级文物中，说起表情最夸张、滑稽的人物形象，很多人会想到击鼓说唱俑。而表情最夸张、滑稽的动物形象，要数我们熟悉的铜奔马。这件精妙传神的青铜雕塑深受世人喜爱，成为中国旅游标志。

## 力与美的融合

1969年9月，有村民在甘肃武威雷台汉墓（一说为晋墓）挖出了一批殉葬品。之后，这批殉葬品被收藏于甘肃省博物馆。其中，工艺水平最高的就是铜奔马。铜奔马出土时已经残缺不全了，著名青铜器修复专家赵振茂先生将其修复如初，使得这件文物珍品再现原有的风貌。

铜奔马由一匹奔腾的马和一只飞翔的鸟组成。铜奔马高34.5厘米，长45厘米。奔马昂首扬尾，仿佛正在高声嘶鸣，三足腾起，右后足踏在一只疾飞的鸟儿的背上。鸟儿突然被马足踏中，惊讶之间展翅回首惊视，奔马也头稍左顾，好像在好奇自己到底踩到了什么东西。奔马

昂扬的马首、流线型的身躯和四条刚劲的马腿，都让静止的文物产生强烈的动感。鸟儿很像是燕子，却有鹰一样的头和眼睛。它没有燕子剪刀式的分叉尾巴，飞行时却像燕子一样翅膀稍向后，与身躯平行。鸟儿的态势显示出它飞行得极为迅速，但依然被奔马赶上了，更体现出马的奔驰速度之快。匠人将奔马与飞鸟一瞬间的动作表现得淋漓尽致，也将奔马的神骏活灵活现地刻画出来，其设计浪漫、巧妙，引人入胜。同时，东汉时期勇武豪迈的气概、昂扬向上的时代精神，也通过这件艺术精品得到了体现。

## 卓越的工艺水平

奔马是按照当时良马的标准塑造的，具有西域马与蒙古马的优点，不仅构思巧妙，铸铜的工艺也很高超。特别是对"对侧步"的生动刻画，更体现出设计师的巧思。所谓的对侧步就是俗称的"顺拐"，在赛马场上，只有极少数最神骏的马才能跑出对侧步。设计师抓住这一特点，把奔马所具有的力量和速度灌注于青铜之上，塑造出这件形神兼备、气韵生动、形妙而有壮气的艺术珍品。

铜奔马还准确地体现了力学的平衡原理。鸟儿与地面的接触面积很大，头、双翅和尾巴都伸展着，像一个三角支架，增加了稳定性。奔马虽然三足腾空，但重心依然牢牢地踏在鸟背上，保持平稳。其构思之精妙令人叹为观止。

## 有趣的名称之争

目前，甘肃省博物馆等单位均将这件国宝称为铜奔马，但人们最熟悉的名称还是马踏飞燕。这个富有动感的名字是我国著名考古学家郭沫若先生所取。

但是，由于鸟儿的造型并不像燕子，所以又有学者为其取名"马超龙雀"。这部分学者认为，奔马就是天马，是我国传说中的神马，能够在天空中自由飞翔；飞鸟就是传说中的神鸟龙雀，其原型有可能是燕子。晋朝学者郭璞认为，龙雀就是风神飞廉，是一种鸟身鹿头或者鸟头鹿身的神怪，在这件作品中被简化为飞鸟的形象。

也有学者为这件国宝取名"飞燕骝"或"紫燕骝"。"骝"是古人在诗文中对骏马的称呼，"飞燕"和"紫燕"也是古人对良马的称呼。例如，南朝梁简文帝的诗里就写道："紫燕跃武，赤兔越空。"这两个名字构词严谨、立意准确，得到不少赞誉。

### 铜奔马为何被选为中国旅游标志？

铜奔马是家喻户晓的国宝级文物，又扬名世界，被列入备选名单顺理成章。同时，在1983年，中国旅游事业刚刚起步，正需要铜奔马这样具有昂扬精神的文物作为标志，所以它成功入选。

# 天下第一行书
## ——兰亭序

　　书法是我国和周边国家与地区特有的一种艺术表现形式，有着悠久的历史。历朝历代皆诞生了出色的书法家，而公认的最杰出的书法家要数"书圣"王羲之。王羲之的《兰亭序》更是有着"天下第一行书"的美誉，冠绝古今。

## 认识"书圣"王羲之

　　王羲之是东晋人，出身当时声望最高的名门望族——琅邪王氏，是东晋开国名相王导的堂侄。当时有"王与马共天下"之称，朝廷中王氏一族一手遮天，王羲之也顺风顺水地踏上仕途，官至右军将军、会稽内史，世称"王右军"。王羲之生性恬淡、孤傲自负，对尔虞我诈的官场极为不满，于是在中年辞官隐居，专心钻研书法、教养子孙、游历山水。王羲之的很多子孙也精通书法，特别是第七子王献之，在书法史上与王羲之并称"二王"。

王羲之隶书、草书、楷书、行书各体均有突出造诣，他善于学习前人，并能自成一家，在书法史上的影响无与伦比。他的代表性作品包括《兰亭序》《上虞帖》《快雪时晴帖》《丧乱帖》《乐毅论》等。可惜的是，王羲之已无真迹传世，唐朝的精摹本均被当作国宝来看待。

## 《兰亭序》问世

公元353年（晋穆帝永和九年）农历三月初三是古代的上巳节，人们按照习俗结伴去水边沐浴、宴饮，称"祓禊"（意为洗去不祥）。这一天天朗气清，王羲之约上谢安、孙绰、李允等40余位友人，在会稽山阴（今浙江绍兴）兰亭溪畔进行曲水流觞的游戏。该游戏规定，将酒杯放在托盘上，使托盘从弯曲的小溪上游顺流漂下，停到谁的身边，谁就要取杯饮酒，并即兴赋诗。

游戏的最后，众人共创作了37首诗，并将其汇集成

《兰亭集》。接着，众人又推举王羲之为《兰亭集》作序。王羲之在酒酣耳热之际，提笔一气呵成，写下了冠绝千古的《兰亭序》，又称《兰亭集序》。《兰亭序》被北宋书法家米芾称为"天下行书第一"，堪称"飘若浮云，矫若惊龙"，极尽潇洒俊逸之态，一笔一画都将笔锋之妙发挥到极致，书法技巧达到出神入化的境界，在历代均被尊为神品。正文中一共写了20个"之"字，形态各异，无一雷同，显示出书法多姿多彩、变化万端的魅力。

值得注意的是，《兰亭序》不仅是书法史上尽善尽美的作品，是中国书法艺术走向成熟的象征，也是散文史上的不朽杰作。全文篇幅不长，共324字，语言疏朗简洁、清新素朴，寄寓了作者对人生深刻的认识，在苍凉的感叹中蕴含着无穷的逸趣。

## 《兰亭序》下落之谜

《兰亭序》是中国书法史上无与伦比的杰作，遗憾的是，真迹没有流传到今天。根据相关史料记载，王羲之去世后，《兰亭序》被当作传家宝，一代代流传下去。王羲之七世孙智永和尚也是一名优秀的书法家，后世用笔法则"永字八法"就是智永所创。智永去世后，《兰亭序》交由他的弟子辩才保存。酷爱王羲之书法的唐太宗得知消息后，让大臣萧翼从辩才手中骗来了《兰亭序》。从此，唐太宗将其"置于座侧，朝夕观览"，又让许多书法家临摹《兰亭序》，赐给皇子与近臣，最著名的是冯承素和虞世南的摹本。其中，冯承素摹本因卷首有唐中宗神龙年号小印，又称"神龙本"，被公认为最好的摹本，在中国书法史上具有崇高的地位。

冯承素摹本《兰亭序》，现藏于北京故宫博物院，为纸本，纵24.5厘米，横69.9厘米。该本摹写精细，潇洒流丽，既保留着按照真迹临摹的痕迹，又有一定的自由临写的特点，自然生动，被视为最接近真迹的唐摹本。当然，也有人认为该本并非冯承素所摹，也没有进入唐中宗的内府。这一点目前尚无法证实。

至于《兰亭序》的真迹，根据通行的说法，已经按照唐太宗的遗愿葬入了昭陵。如果这一说法属实，《兰亭序》或许还有重现人间的机会。但也有人泼冷水，说五代时朱温曾经盗掘昭陵，拿走了大量宝物，《兰亭序》很难逃过这次浩劫。事实如何，或许要等时间来检验了。

近些年还有一个更为惊人的说法，认为《兰亭序》

根本就不是王羲之所书，对其真伪的讨论数十年都没有结论。但是，即使流传于世的《兰亭序》并非王羲之的作品，其作为书法翘楚的地位也不会改变。

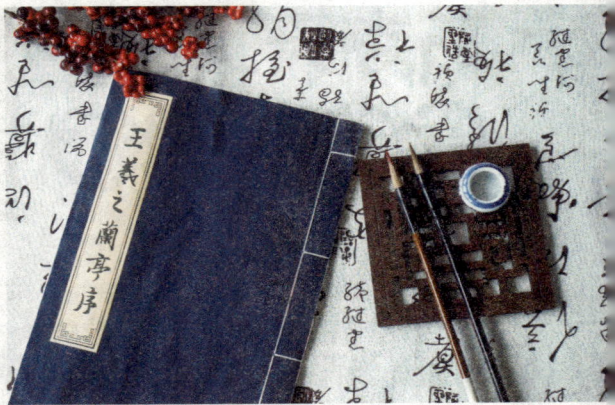

---

### "天下三大行书"包括哪些作品？

"天下三大行书"是后人对王羲之的《兰亭序》、唐朝书法家颜真卿的《祭侄文稿》、北宋书法家苏轼的《黄州寒食诗帖》的并称。其中，《祭侄文稿》是颜真卿得知堂兄颜杲卿及颜杲卿之子颜季明因抵抗安史叛军先后遇害的消息后，在极度悲愤之下所写，不顾工拙，字体随情绪起伏，被称为"天下行书第二"。《黄州寒食诗帖》被视为苏轼书法作品中最出色的，是他被贬官之后所作的两首五言诗，诗境苍凉，书法起伏跌宕，诗与书法珠联璧合。

# 巧夺天工的
## 兽首玛瑙杯

在陕西省历史博物馆，有一件精致而珍贵的镇馆之宝，就是兽首玛瑙杯。这是唐朝现存的唯一一件俏色玉雕，技艺极其精湛。这件精细入微、栩栩如生的艺术珍品，是强盛的唐朝与西域各国文化交流的见证。

### "万国来朝"的唐朝

唐朝是我国封建时代的巅峰，出现了唐太宗、唐玄宗等杰出的君主，还诞生了我国历史上唯一的女皇帝武则天。唐朝在前中期的百余年中，经济发达、文化昌盛、思想开放，出现了"万国来朝"的盛世景象。当时，唐朝的都城长安（今陕西西安）是世界上规模最大的城市，也是一座世界性的大都市。来自各国的商人、使者、留学生和留学僧侣络绎不绝地出入长安，最多时超过三万人。

长安作为东西方商业、文化的交流中心，同时诞生了大量东西方文化融合的艺术珍品，兽首玛瑙杯就是唐朝频繁对外交流的见证。

## 神韵天成的艺术珍品

1970年，陕西西安何家村出土了三个看似普通的陶瓮，没想到，瓮中竟然装着上千件珍贵文物，其中包括鎏金舞马衔杯纹银壶、鸳鸯莲瓣纹金碗等国宝级文物。而在陶瓮边上的一个小银罐中，又发现了兽首玛瑙杯。

兽首玛瑙杯高6.5厘米，长15.6厘米，口径5.6厘米，是用一整块极为罕见的条纹状红色玛瑙雕琢而成的，是至今所见唐朝文物中唯一的一件俏色玉雕。所谓俏色玉雕，就是巧妙运用玉料的天然颜色创作出的神韵天成的玉雕作品。玉料两侧为深红色，中间为浅红色，并有着乳白色夹心，层次分明，鲜艳润泽。雕刻家"取势造型，依形布局"，将竖直纹理的一端雕琢成杯口，口沿外有两条圆凸弦纹。横向纹理的一段琢成兽首，造型生动，做工精细。只见此兽双眼圆睁、炯炯有神，耳朵高

高竖起，看起来像是牛首，但又不尽相同。兽角粗壮有力，呈螺旋状弯曲着伸向杯口两侧。兽嘴紧闭，镶着黄金作为杯塞，唇边的毛孔、胡髭也刻画得细致入微。兽鼻微微鼓起，再结合整个杯子形成的飞驰的形态，此兽仿佛正在狂奔，可谓巧夺天工、极富妙趣。

## 鲜明的异域风情

兽首玛瑙杯带有明显的异国风情，是唐朝与西域各国文化交流的见证。这种造型的玛瑙杯，我国仅存这一件，它的身世一直以来都是一个不解之谜。

我国古代玉雕也常常有各种动物形状的，但没有一件用法与兽首玛瑙杯相同。兽首玛瑙杯是从杯口注满

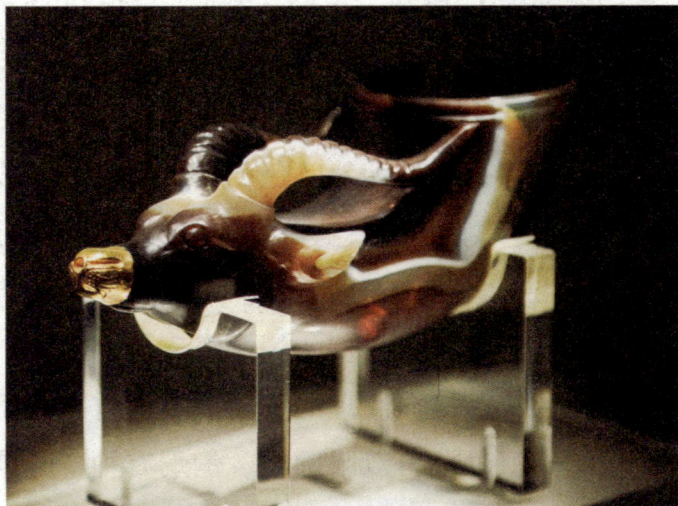

酒之后，将杯子的金塞取下，从兽嘴处饮用。我国很早就有类似造型的角杯，但底端却无出水孔。这种造型的酒具，在中亚、西亚，特别是萨珊波斯（今伊朗）的工艺美术品中较为常见。制作此杯的红玛瑙也出自西域，与中国黄色、白色以及淡青色的玛瑙有很大的区别。再加上与兽首玛瑙杯一起出土的文物中包括很多外国金银币，因此有研究者猜测兽首玛瑙杯可能来自国外，甚至有可能是外国使臣送给皇帝的朝贡之礼。不过，也有可能是唐朝的某位能工巧匠模仿西域的器物制成了这件精美绝伦的艺术珍品。

### 玛瑙是一种怎样的矿物？

玛瑙是玉髓类矿物的一种，构造各异，颜色也缤纷多彩，呈现出玻璃光泽。天然玛瑙有同心环带状、缠丝状、草枝状、层纹状、波纹状等美丽花纹，带有天然毛细孔，还可以进行染色。这些特质让玛瑙成了制作工艺品和装饰品的上好材料。

# 千古第一风俗长卷
## ——清明上河图

有"千古第一风俗长卷"之称的《清明上河图》，是中国极负盛名的传世画作之一，现存北京故宫博物院。这幅举世闻名的名画，是表现古代社会生活内容最为丰富、情景最为生动的风俗画，涉及社会、生活、文化、历史等大量信息，其艺术价值和史学价值都无与伦比。

## 恢宏的构图

《清明上河图》为绢本，淡设色，纵24.8厘米，横5.28米。全图采用鸟瞰式全景法，用笔兼工带写（即精致的工笔与放纵的写意相结合），描摹出北宋都城汴京（今河南开封）东南城角内外与汴河两岸的建筑和民俗风情，让后人对北宋全盛时期都城的生活面貌有了集中概括的了解。

全图大致可分为三个段落。第一个段落着重描摹郊外的春色。这里非常寂静，略带寒意，仅有寥落的几个行人，主要是回城的人，根据身份不同，这些人或乘轿，或骑马，或步行，行进在稀疏的树林、低矮的茅屋与潺潺的小溪之间。

　　第二个段落开始着重渲染汴河两岸的繁华景象，这里作为漕运交通枢纽，人流和车流交错，船只往来穿梭，热闹非凡，与郊外形成鲜明对比。虹桥上人头攒动，桥下一艘大船的桅杆险些撞到桥底，场面非常惊险。水手们各司其职，忙着减缓船速、放下桅杆、系上挽绳等，邻船的人高声吆喝着指挥，桥上探头的行人也为他们捏一把汗……这里是全图最为紧凑、最为热闹的

场面。

第三个段落重点刻画了汴京城内热闹的街市，房屋鳞次栉比，酒楼、茶馆、旅店、药铺、当铺、寺观应有尽有，还有各式沿街叫卖的小贩。行人更是身份各异，既有官员的仪仗，也有沿街乞讨的乞丐。人们摩肩接踵，为了各自的生计在城中奔波。此外，城里还出现了驼队，应该是西域商人来到这里做生意的。

全图多达500余个人物，构图详略得法，内容繁而不乱、严密紧凑，同时穿插着各种有趣的情节，将繁杂的景物纳入统一而富于变化的画面中。画面具有起伏的运动感，让观者仿佛置身其中。

作者采用"散点透视法"组织画面，即使是舟车中的人物、摊点上的货物乃至招牌上的文字，都进行严谨细致的刻画，这样一来就使《清明上河图》远远超出了一般绘画作品所包含的内容，成为后人了解北宋社会生活面貌不可或缺的历史材料。

## 坎坷的命运

《清明上河图》是北宋宫廷画师张择端的作品，也是张择端唯一的存世之作。在宣和年间（1119—1125年），张择端曾任翰林待诏，在宋徽宗开设的宣和画院

中供职。后来他失去了职位，以卖画为生。《清明上河图》就是张择端献给宋徽宗的作品，此画刚一问世，就受到朝野上下的交口称赞，其摹本极为畅销，每件售价高达一两银子。

《清明上河图》的真迹原本收藏于北宋内府，靖康之变发生后流落民间，到元朝又被征入内府。据说有人用了偷梁换柱的手法，使得真迹再次流入民间，到明朝时更是落入奸臣严嵩、严世藩父子之手。严氏倒台后，《清明上河图》再度收归内府，不久又被大太监冯保偷了出来。清朝时，《清明上河图》曾被名士毕沅等收藏。毕沅死后被和珅案牵连，家产被籍没，《清明上河图》再度进入内府。清朝最后一位皇帝溥仪退位后，仍获准住在紫禁城，他曾秘密把《清明上河图》等古玩字画偷运出宫，带到伪满洲国。伪满洲国覆灭之时，溥仪的几箱宝物成为战利品，被送入东北博物馆（今辽宁省博物馆），经专家鉴定，其中就包括《清明上河图》真迹。1953年，故宫博物院绘画馆重新开放，特别申请将《清明上河图》调到北京，这件国宝辗转多年后，终于返回了故宫。

### 《清明上河图》中的"清明"到底指什么？

关于"清明"的含义，如今尚无定论，学术界有三种具有代表性的说法：第一种说法认为"清明"就是指清明节，这也是最为普遍的观点；第二种说法认为"清明"指的是汴京城中的"清明坊"，该观点认为全图的中心就是清明坊到汴河口这一热闹地段，故而得名；第三种说法认为"清明"是对宣和年间的"太平盛世"的赞誉，吹捧宋徽宗统治下的社会政治清明、歌舞升平。

# 古今类书之最
## ——永乐大典

明成祖朱棣，年号永乐，是一位有着雄才大略的皇帝。他开创了著名的"永乐盛世"，还曾派遣郑和七下西洋，是这个世界航海史上的壮举的推动者。在文化事业方面，朱棣命人编辑了我国古代规模最大、最为成熟的类书《永乐大典》，具有极高的价值。

## 彰显国威的文化工程

朱棣是明朝的开创者明太祖朱元璋的第四个儿子，被封为燕王，奉命镇守北平（今北京），常年与外敌对抗，手握重兵、屡立战功。太子朱标早逝，朱元璋死后，朱元璋的孙子朱允炆继位，就是建文帝。建文帝想要削除藩王，朱棣就发动了"靖难之役"，攻入了明朝的都城南京，建文帝下落不明，朱棣登上皇位，改年号永乐，他就是明成祖。明成祖通过战争夺取皇位，迫切需要做出一些成就，让世人承认自己继位的合理性。于是，他励精图治、发展生产，还让心腹宦官郑和率空前庞大的船队七下西洋，宣扬大明国威。

明成祖继位之初，就已经意识到"文治"的重要性，于是他下令翰林侍读学士解缙等百余人编纂一部大型类书，并下旨："凡书契以来经史子集百家之书，至于天文、地志、阴阳、医卜、僧道、技艺之言，备辑于一书，毋厌浩繁。"解缙等人夜以继日地编纂，第二年（1404年）就编纂成功了，取名《文献大成》。明成祖嫌收录的书籍尚不完备，于是又让太子少师姚广孝主持重修，解缙继续监修，并组织起2000余人的庞大编修队伍。明成祖还允许调用皇家图书馆——文渊阁的全部藏书，并派人到全国各地搜集图书。最终，重修的类书在1407年定稿。明成祖非常满意，亲自作序，并赐名《永乐大典》。

## 卷帙浩繁，包罗万象

《永乐大典》辑录的图书包括经、史、子、集、释藏、道经、北剧、南戏、平话、工技、农艺、医学等各种类型，多达七八千种，是我国历史上规模最大的一部百科全书式的著作。全书共22877卷，目录60卷，计11095册，包括大量后世已经残缺或佚失的珍贵书籍，如《薛仁贵征辽事略》、宋本《水经注》等。此外，《永乐大典》堪称明朝之前珍本秘籍的宝库，它所征引的材料都和原文一字不差，无数宝贵的文献因此得以保存原貌。

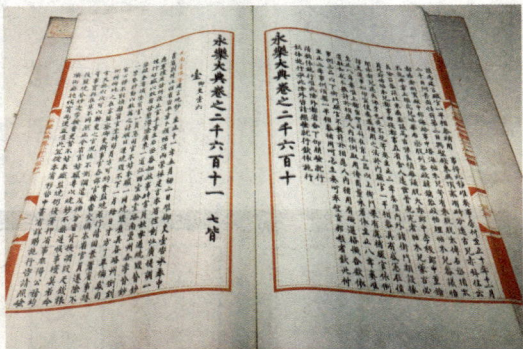

《永乐大典》的装帧和用纸都非常考究，称得上是精美的工艺品。正文的编排方式非常科学，全书按韵目分列单字，接着按照单字依次辑入与之相关联的资料。此外，《永乐大典》的缮写也十分工整，正文全部用毛笔以公正的楷书写成，还有着以白描手法绘制的精美插图，形态逼真。

## 乱世凋零

　　《永乐大典》成书后，只抄录了一部，称"永乐正本"。到了嘉靖年间，又重录了一部，称"嘉靖副本"。"永乐正本"很早就下落不明，有可能在明末战乱中被毁坏，也有可能随嘉靖皇帝埋入了永陵。

　　"嘉靖副本"的命运更为凄惨。乾隆年间，朝廷为了编修《四库全书》，想要参考《永乐大典》时，发现已经有千余册不知所踪了，可能被进入皇家档案馆的官员或太监偷走了。第二次鸦片战争期间，英法联军洗劫

了圆明园，很大一部分《永乐大典》被抢走。到了1894年，《永乐大典》仅存800余册。八国联军入侵北京之后，《永乐大典》再遭劫难，因质地厚实，被侵略者们用来修筑工事、垫马槽、当"上马石"。侵略者的炮车陷入泥泞时，还会用《永乐大典》来垫道。对《永乐大典》的价值稍有了解的侵略者，就将其带回了自己的国家。当清政府终于得以收拾残局时，《永乐大典》仅存64册。

今天，许多人为收集《永乐大典》而不懈努力，陆续从海外、民间收回一些散册，目前国内保存的《永乐大典》有200余册。

### 《四库全书》与《永乐大典》有哪些异同？

《四库全书》与《永乐大典》都是对中国古典文化进行系统总结的著作，因而都得到后人的广泛赞誉。《永乐大典》内容涵盖范围大于《四库全书》。清政府修书时，舍弃了大量医书、小说、话本等"不登大雅之堂"的著作，《永乐大典》却尽数收录。《四库全书》在收录原文时，进行了大量删减与篡改，这也是其最受诟病的地方，《永乐大典》却做到了对原文的照实辑录。

# 清宫祖传宝器
## ——金瓯永固杯

　　金瓯永固杯是清朝乾隆皇帝下令制造的金器，外形漂亮、造价昂贵。同时，它的名字也十分"吉利"。原来，在封建时代，"金瓯"往往被视为国土的代称，难怪金瓯永固杯被视为清朝皇室的祖传宝器了。

## 雍容华贵，价值连城

　　乾隆皇帝一共下令制造了四只金瓯永固杯，三金一铜。其中一金一铜被英法联军从圆明园中抢走，现藏于伦敦华莱士典藏博物馆，一金现藏于台北故宫博物院，一金现藏于北京故宫博物院。

　　现藏于北京故宫博物院的这只金瓯永固杯，整体看起来像一尊精致小巧的鼎，高12.5厘米，口径8厘米，共使用约500克黄金制造而成。杯上錾刻着缠枝宝相花，花蕊是用珍珠、粉色碧玺与红、蓝宝石镶嵌而成。杯耳塑造成立体夔龙，夔龙头上也镶嵌着珍珠。杯口刻有回纹，一面镌刻着篆字"金瓯永固"，另一面是"乾隆年制"四字。三只杯足呈象首形，象首上也镶嵌着珍珠和宝石。此外，杯子的凹处原本都镶嵌着艳丽的蓝色翠羽，随着时间的流逝，翠羽慢慢脱落了，仅留下少数蓝色的部分。

## 金瓯永固杯的用途

金瓯永固杯是清宫中少数皇帝专用的饮酒器之一，但并不是供皇帝日常使用的。每年的元旦日（当时指农历的正月初一）凌晨子时，皇帝会在养心殿的东暖阁举行开笔仪式，即书写祈求国泰民安、风调雨顺的吉祥语，作为新一年的开始。

开笔仪式有三件物品必不可少，一是名为"玉烛长调"的白玉蜡烛扦（上有尖针、下有底座，可以插蜡烛的器具），二是刻有"万年青"字样的名为"万年枝"的毛笔，三是金瓯永固杯。仪式开始后，皇帝穿着重大典礼时才穿的朝服，来到挂着"明窗"匾额的东暖阁，命人在金瓯永固杯

中倒满据称有"消灾辟邪"功效的屠苏酒。随后皇帝亲自点燃蜡烛，用"万年枝"写上几句吉祥话，有时还会浏览一下新一年的历书，象征向天下授时。仪式完成后，三件器物就会被收藏起来，等待来年再次使用。

### 什么是开笔仪式呢?

开笔仪式，即一年之中第一次动笔写字。在每年的正月初一，古代的读书人会在红纸或黄纸上写上几句吉祥话，如"元旦开笔，读书进益""元旦开笔，百事大吉"等，为新的一年祈福。

# 我们的中国

## 我们的发明

沛 林 ◎ 主编

三辰影库音像电子出版社
北京

图书在版编目（CIP）数据

我们的中国. 我们的发明 / 沛林主编. — 北京：
三辰影库音像电子出版社，2022.10
ISBN 978-7-83000-577-1

Ⅰ．①我… Ⅱ．①沛… Ⅲ．①中华文化－少儿读物②
创造发明－技术史－中国－少儿读物 Ⅳ．①K203-49
②N092-49

中国版本图书馆 CIP 数据核字(2022)第 152311 号

**我们的中国．我们的发明**

责任编辑：龙　美
责任校对：韩丽红
出版发行：三辰影库音像电子出版社
社址邮编：北京市朝阳区东四环中路 78 号 11A03，100124
联系电话：（010）59624758
印　　刷：天津泰宇印务有限公司
开　　本：880mm×1230mm　1/32
字　　数：196 千字
印　　张：10
版　　次：2022 年 10 月第 1 版
印　　次：2022 年 10 月第 1 次印刷
定　　价：68.00 元（全 4 册）
书　　号：ISBN 978-7-83000-577-1

# 前言

　　中国是一个地大物博、历史悠久的文明古国。在这片美丽而神秘的土地上，世代居住生活着勤劳、善良的中华儿女。数千年来，我们的先辈利用蕴藏在江河、山川以及大地中的自然资源，创造出数不清的精神财富和物质财富。

　　为了让孩子们进一步了解我们的祖国，我们精心编著了《我们的中国》。通过阅读此书，孩子们能够了解到长江、黄河等中国重要河流的概况、历史及流域内的著名景观；欣赏到具有代表性的各个朝代流传至今的国宝的造型、工艺成就和背后的趣味故事；认识到以四大发明为首的发明创造在推动人类文明进程中的伟大意义；理解为何书法、茶、剪纸等文化能够盛行千年而不衰。

　　《我们的中国》语言生动，图片精美，栏目丰富，编排巧妙，直观地呈现了中国大地的大江大河、文化遗产、发明创造等，让孩子们犹如身临其境畅游中国，从不同角度感受华夏之美，中国之伟大，感知深厚的历史文化底蕴，不仅能拓宽孩子们的视野，增加知识储备，还能增强孩子们的爱国热情和民族自豪感。

# 目录

中国的代名词——瓷器 / 1

　"陶"变成"瓷" / 1

　瓷器的发展 / 3

世界的明灯——指南针 / 6

　从磁石到勺子 / 6

　从勺子变成鱼 / 7

　从鱼变成针 / 8

　小小指针影响世界 / 9

文明推进器——造纸术 / 11

　造纸术的起源与改进 / 11

造纸术的发展 / 12

薄薄纸张传遍全球 / 14

易燃易爆——火药 / 16

　意外发明 / 16

　火药配方 / 17

　火药的军事应用 / 17

　火药的影响 / 19

文明之母——印刷术 / 21

　雕版印刷术 / 21

　活字印刷术 / 22

　印刷术的发展 / 23

**千锤百炼——钢铁冶炼技术 / 26**

铸铁术的起源 / 26

铸铁术的改进 / 27

百炼成钢 / 30

**水利鼻祖——都江堰 / 32**

水利文化的鼻祖 / 32

最完善的生态工程 / 33

天府之源 / 35

**长虹卧波——赵州桥 / 37**

赵州桥的建造 / 37

出色的设计 / 38

领先世界 / 41

**千年不倒的木结构建筑 / 42**

木结构建筑的分类 / 42

斗拱结构 / 44

榫卯结构 / 45

**夜观天象制成天文历法 / 47**

盖天说与《周髀算经》/ 47

浑天说与浑仪 / 49

天文与历法 / 50

## 影响世界的中国古代数学 / 53

十进位值制 / 53

勾股定理 / 54

珠算的发展史 / 55

## 农业古国的辉煌成就 / 58

龙骨水车 / 58

梯田 / 60

徐光启与《农政全书》/ 62

## 衣被天下——纺织技术 / 64

纺织技术的起源 / 64

黄道婆改进纺织技术 / 65

丝绸之国 / 67

## 中国刺绣中的"丝情画意" / 69

中国刺绣的历史 / 69

中国四大名绣 / 71

# 中国的代名词
## ——瓷器

中国是瓷器的故乡，瓷器是中国古代最具代表性的伟大发明之一。瓷器是从陶器发展、演变而成的，具有十分悠久的历史。作为中国最具代表性的手工艺品，瓷器具有观赏、实用、艺术等价值，深受全世界人民的喜爱。

## "陶"变成"瓷"

提起中国的瓷器，就不能不提到陶器，因为瓷器是从陶器发展、演变而成的。在新石器时代，勤劳智慧的中国古人就发现了加水揉搓后的黏土或陶土能够随意塑形，并且晒干后会硬结成型，于是古人就将黏土制成了各种器皿，用来盛装物品。后来，古人又偶然发现，这些黏土或陶土制成的容器用火烧过

后不但变得十分坚硬，而且不易渗水，这样制成的器皿能长时间使用，于是，陶器就产生了。

随着陶器的逐渐普及，人们发现陶器存在许多缺点，比如表面太过粗糙、材质十分脆弱等。于是人们又在摸索中一点一点地提高陶器的质量，陶器就逐渐演变成了带釉的原始瓷器。釉是覆盖在陶器表面的玻璃质薄层。

相关考古资料证实，在山西省东下冯遗址中发掘出了一批夏商时期的原始青瓷片，这些带釉的青瓷片具有瓷器的大致特征。不仅如此，在河南省的一些商代墓葬中还出土过青瓷尊。专家分析，这些瓷器是由高岭土烧

制而成的，表面有一层透明的釉质，基本具备了瓷器的特点。这说明，在商代，我国古人已经在制造陶器的基础上掌握了原始瓷器的制作方法。

烧制瓷器要比烧制陶器麻烦许多。首先，在制作原料的选择上，烧制瓷器必须选用高岭土，并且土中必须含有长石、石英石和莫来石等成分，这样烧制出的瓷器才能洁白、细腻。其次，烧制时的温度要高，不然瓷器会质脆易碎。最后，要在瓷器的表面施一层釉浆，烧成釉质。这些便是烧制出原始瓷器所需的基本条件。原始瓷器表面的釉质多呈青色，因此也被称为"原始青瓷"。

## 瓷器的发展

### ◎ 基本成熟

我国制作瓷器的历史从商代便拉开了序幕，到了东汉时期，制瓷技术基本成熟。魏晋南北朝时期，制瓷技术又有提升，主要体现在陶瓷的釉质和色泽上，西晋晚期出现了釉上彩技术。

隋唐时期，制瓷技术有了新的突破，瓷器的烧制温度比以前大大提高，烧制出来的瓷器颜色更白、材质更细腻，因此白釉瓷器得到了极大发展。到了晚唐时期，青瓷技术已经炉火纯青，青瓷因其胎质细腻、釉色匀润而深受人们的喜爱。

## ◎ 中国瓷都

宋朝时期，全国各地不断出现新的瓷窑，生产出的瓷器更是品种多样、色彩艳丽、风格各异，其中以五大名窑——定窑、汝窑、官窑、哥窑、钧窑为代表。当时全国最著名的瓷器制造中心是江西昌南镇，宋朝皇帝对那里出产的瓷器爱不释手，宋真宗时，年号为"景德"，他甚至下旨将昌南镇改名为景德镇。如今，景德镇已经成了闻名全球的"中国瓷都"。

后来，中国与外国的贸易往来逐渐频繁，陶瓷经"丝绸之路"等商路逐渐传播到了周边国家，慢慢地被世界人民所了解。

## ◎ 享誉全球

明代以后，白瓷"家族"中青花瓷达到顶峰，以景德镇烧制的青花瓷为最佳。青花瓷是一种白底蓝花的瓷器，颜色鲜艳、永不褪色、釉质透明、种类丰富，青花瓷凭借其明净素雅的外形和高超的制作工艺而深受人们的喜爱，是中国瓷器中最出名的品种之一，甚至成为中国瓷器的代名词。

清代中国的制瓷技术达到了前所未有的高度，此时也是中国瓷器向外大量输出的时期。这时的中国瓷器远销海外，已经成了享誉全球的珍品。

陶瓷的发明和发展体现了中国人民手工制造水平和艺术水平的发展过程，陶瓷的传播也体现了世界人民对中华文化的喜爱，从这个意义上说，陶瓷是一张中华文化走向世界的名片。

### 瓷器的英文为什么是"china"呢？

其实，瓷器最初的英文全称是"chinaware"，直译为"中华器物"，后来才略写为"china"。因为随着中国瓷器的不断输出，瓷器凭借它优美的外形和精湛的工艺深深地吸引了外国人，在他们眼里，瓷器几乎是中国的代名词，所以表示中国的"china"有了瓷器之意。

# 世界的明灯
## ——指南针

指南针是我国古代四大发明之一，是一种利用磁性指示方向的工具。指南针的发明对人类社会进步和文明的发展有着非常重要的意义，有了指南针，才有郑和下西洋、哥伦布发现新大陆，才有环球航线的打通。指南针对世界各国文明的交流有十分重要的意义。

## 从磁石到勺子

最初的指南针是用磁石做成的，磁石又叫"吸铁石"，因为磁石能像慈母吸引自己的孩子一样吸引附近的铁，所以古人将其称作"慈石"，后来才有了"磁石"或"磁铁"的叫法。战国时期，人们在认识到磁石具有指示南北方向的特点后，利用磁石发明了一种叫作"司南"的指南仪器。司南的样子像一把勺子，有一根长柄和一个光滑的圆底，长柄用来指示方向，圆底则是重心所在，这把"勺子"被放在平滑的"地盘"上，可以自由旋转，并且长柄总会指向南方。"司"有"掌管"的意思，因此"司南"的意思是专门掌管指示南方的仪器。

司南的出现是人们首次将对磁石的认识应用到实践中的成果。虽然司南是世界上最早出现的指南工具，但它也有许多不足。由于天然磁石十分稀少，并且磁石在加工过程中容易失去磁性，因此司南的磁性一般较弱。另外，司南的加工难度比较大，放置司南的地盘需要打磨得非常光滑，否则司南很难旋转起来，起不到指南的作用。最后，加工好的司南和地盘的体积、重量都很大，携带不便。这些原因导致司南并没有得到广泛的应用。

## 从勺子变成鱼

由于磁石的发掘和司南的制造都十分麻烦，于是聪明的古人发明了一种将金属人工磁化的方法。他们把烧红的铁片顺着南北方向放置，同时将其蘸水淬火，利用地球磁场使铁片具有磁性，这样铁片就有了指示南北的作用。人工磁化方法的发明，标志着古人对磁性的认识有了进一步的发展，新型的指南工具也应运而

7

生了。

西晋时期，人们将磁化的铁片制成鱼的形状，鱼头是磁南极，鱼尾是磁北极，鱼肚部分微微内凹，这条"小鱼"就可以像小船一样浮在水面上了，古人给它起名为"指南鱼"。浮在水面上的指南鱼可以自由转动，鱼头像司南的长柄一样指向南方。不过指南鱼的制作要比司南容易多了，而且"小鱼"转动起来也比司南灵活得多，指向也更加精准，因此更加实用。

## 从鱼变成针

指南鱼被发明后，人们又意识到可以用更轻便的物体来代替指南鱼。于是古人又一次利用人工磁化的方法，用磁石去磨钢针，使钢针磁化变成磁针，于是指南针诞生了。

北宋著名科学家沈括在《梦溪笔谈》中有如下记录："方家以磁石摩针锋，则能指南。"这是世界上最早的用人工传磁方法制作指南针的记载。磁针的制作比指南鱼简单，而且便于携带，精度更是大大提高，因此磁针一问世，就很快取代了指南鱼的地位。

不过在当时，磁针的使用方法并不统一，有将磁针浮在水上的水浮法、将磁针放在碗口边缘上的碗唇旋定法，以及用细线拴在磁针中间、再悬挂起来的缕悬法等，沈括全面地比较了这些方法，最终发现缕悬法最为实用，直到今天，许多现代指南针仍然采取相似的设计。

## 小小指针影响世界

　　指南针被发明后很快就流传开来，并被应用到诸多领域，其中受影响最大的领域就是航海。世界上最早的有关航海时使用指南针的文字记载出自宋代的《萍洲可谈》，书中记载："舟师识地理，夜则观星，昼则观日，阴晦则观指南针。"此后，人们将指南针放在刻有方向的方位盘中，使其成为罗盘，罗盘的使用方法简单易懂，十分便利。

　　明朝是中国古代航海事业发展的繁荣时期，郑和曾率领庞大的船队七次下西洋，途经三十多个国家和地

区，开辟了亚洲与非洲间的航线。郑和的船队就是靠着指南针来保持航向的。

后来，指南针及其制作方法传到了西方，对中西文化交流有极大的推动作用。指南针还促进了世界航海事业的发展，间接促成了欧洲大航海时代的到来。

指南针终结了原始航海时代，促进了新的航海时代的来临，对中国和世界航海事业有着巨大的贡献，英国著名科技史专家李约瑟博士曾描述指南针为"航海技艺方面的巨大改革"。

### 为什么指南针如此重要？

指南针作为一种十分可靠的指向工具，弥补了原始时期无法准确辨明方向的不足，使商人、军人、航海家不再迷失方向。指南针的出现促进了不同国家之间文化、经济的交流，开创了人类历史上的新纪元。

# 文明推进器
## ——造纸术

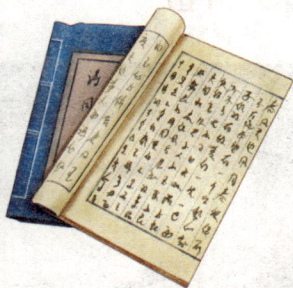

　　纸是人们常用的书写材料，能大量印刷、制成书籍或用于包装。在造纸术出现之前，几乎没有既轻便又廉价的书写材料，造纸术出现后，人们才能随心所欲地记录文字、分享知识，可以说，造纸术推动了世界文明的交流和发展。

## 造纸术的起源与改进

　　一提起造纸术，人们的第一反应就是蔡伦造纸，但实际上蔡伦并非纸的真正发明者。从目前的考古发现来看，纸张在西汉时期就已经出现了。1933年，我国考古学家在新疆罗布淖尔汉烽燧遗址中发现了西汉时期的麻纸，而蔡伦是东汉时期的人，因此"蔡伦造纸"的说法显然是不符合历史的。

　　虽然蔡伦不是纸的发明者，但他改进造纸术的巨大贡献足以令他名留青史。蔡伦潜心研究造纸技术多年，总结了西汉以来制造麻纸的技术和经验，并加以改进，最终制作出了真正实用的纸张。

蔡伦曾在宫中担任尚方令，以职务之便，大量地搜集材料用来研究造纸技术。他大胆地利用树皮、碎布、麻头、旧渔网等原料，经过一系列的精工细作，最终制出了廉价又实用的纸张，并在皇帝的支持下将新的造纸术推广开来。蔡伦的这一改进，既扩充了原料来源，又降低了生产成本，推动了造纸术的发展，为现代木浆纸的发展开辟了道路。

## 造纸术的发展

### ◎技术普及

由于纸张的廉价与实用，竹简与布帛等书写材料逐渐淡出历史舞台。

东汉后期，造纸工艺不断成熟，纸张的质量和产量都有所提升。魏晋南北朝时期，人们又将桑皮、藤皮等用于造纸，造纸原料进一步增多，纸的产量也随之提高。晋代时纸已成为主要的书写材料。纸写书潮流也迅速兴起，对文教、科技和宗教的发展起到了积极作用。

## ◎ 特殊品种

隋唐五代时期，造纸原料又得到了扩充，出现了檀皮纸、瑞香皮纸和稻麦秆纸等。随着造纸技术传播到全国，竹材资源丰富的南方地区又生产出了竹纸。这一时期纸制品已经成为人们日常生活中的常见物品。唐代以来，书画艺术十分盛行，为了满足书画家的特殊要求，各种加工纸也出现了，许多名贵的书法、绘画作品也得以流传至今。

宋元时期，中国的造纸术发展至成熟阶段。这时候纸的加工工艺已经非常完善，并且制出的纸更加多样。宋朝时，雕版印刷开始盛行，造纸业得到了进一步发展，出现了世界上最早的纸币——"交子"。

## ◎ 用途多样化

明清时期的造纸技术发展至炉火纯青的阶段，此时的造纸设备和加工方法都已十分完备，纸的产量和质量也大大增加，纸的用途更加多样化。同时有关讲述造纸技术的书籍也不断涌现，比如明朝科学家宋应星在他撰写的《天工开物》一书中，详细记述了许多有关我国古代造纸技术的内容，甚至还配有插图。

## 薄薄纸张传遍全球

我国造纸技术的发展给中华文化向外传播提供了一定的物质条件。

东汉末年，由于社会动荡，不少人为了逃难跑到了与中国接壤的朝鲜、越南，同时带去了中国的纸和造纸技术。后来，造纸技术又从朝鲜传入了日本。

在这之后，中国的造纸技术又逐渐传播到了印度、巴基斯坦、泰国和印度尼西亚等国。最后，中国的造纸技术通过阿拉伯人传入了欧洲，并逐渐走向了全世界。

中国的造纸术一直处于世界领先地位。造纸术的发明极大地促进了世界文化的传播和交流，给全世界的历史和文化带来了深远的影响。因此造纸术被誉为中国四大发明之一。

### 造纸术发明之前人们用什么书写材料？

中国人最早的书写材料是龟甲和兽骨，这样"写"成的字就是甲骨文。后来人们又将竹子或木头制成竹简和木简，写在上面的字可以保留很长时间。但竹简和木简太笨重了，后来古人又在布帛上写字，可是布帛的成本太高，一般人根本用不起。这些材料的诸多不便促成了造纸术的出现。

# 易燃易爆
## ——火药

说起火药，我们往往会想到一些武器或者烟花爆竹等物品。实际上，我国古人发明火药，最初并非用于军事或者烟火，火药其实是我国古代炼丹家在炼丹时的"偶然发现"。后来火药被用于军事领域，并被不断改进和推广，给全世界带来了巨大的影响。

### 意外发明

我国很久以前就出现了炼丹术，许多妄图长生不老的帝王都是炼丹家的忠实粉丝，因此炼丹在我国古代十分流行。古代有许多医药学家和炼丹家都曾致力于研制长生不老药，显然没有人取得成功。不过他们在使用硝石和硫黄炼制长生不老药的时候，阴差阳错地发明了一种易燃易爆的"药"。

南北朝时的炼丹家陶弘景曾明确地指出硝石被火烧后会猛烈地燃烧，他还提出了硝石的鉴别方法。唐朝初期，著名医药学家孙思邈在《丹经》中记载了硝石、硫黄和皂角等物质混合的"伏火法"，实际上已经制成了火药。这就是有关火药被发明出来的最早记录。

## 火药配方

"伏火法"属于炼丹术的一种，是将硝石、雄黄、硫黄等材料在共同火炼前的预先处理方案，炼丹家用"伏火法"改变它们易燃易爆的性质，防止丹药猛烈燃烧。这就说明当时的炼丹家已经认识到这些物质混合起来的化学性质，实际上已经发现了火药的配方。唐朝中期，炼丹家清虚子又使用了"伏火矾法"，即将含炭物质与硫黄、硝石均匀搅拌，使药物燃烧，去掉毒性。从这些例子中可以看出，当时的人们已经明确认识到碳、硝、硫三种物质组合可以产生燃烧现象，也就是说，那时的中国炼丹家已经掌握了炼制雏形火药的配方。

## 火药的军事应用

火攻一直是古代军事中常见的进攻手段之一，因此当火药被发明出来后，人们立刻就想到了它的军事用途。史书记载，唐朝末年出现了利用火药攻打城池的事件，这说明那时火药已经被用于军事了。

火药出现在战场上，意味着军事领域即将从冷兵器时代迈向火器时代。

宋朝时期，火药武器的应用逐渐增多。北宋军事著作《武经总要》中记载了许多火药武器的配方和制作方法，比如引火球、蒺藜火球、霹雳火球、毒药烟球等，这是历史上最早的火药武器记录。这些火药武器，仍然停留在利用火药的燃烧特性的阶段，只是被用作纵火的工具，并没有利用到火药的爆炸特性。

宋代时皇家设置了专门制造火器的工坊，开始大量地开发和生产火药武器。此后，火药武器进一步发展，火药配方得到了改进，火药的爆炸特性终于凸显出来。元朝时，我国军队已经大量装备了用火药发射弹丸的火

铳，这说明人们认识到了火药的爆炸特性并且已经将其利用于实践，这是世界武器史上的一大突破。

除此之外，古人还发明了利用火药的推进力向外发射、攻击远距离目标的"火箭"，甚至还有二级火箭和并联火箭。这些火箭给现代运载火箭的发明提供了灵感。

## 火药的影响

南宋时期，中国的火药随着中外贸易往来逐渐传播到伊斯兰国家，当时的阿拉伯人将火药称为"中国雪"。之后火药又传入欧洲。

中国的火药在世界文明的发展进程中有着十分重要的作用。最直接的影响便是使人类从冷兵器时代走进了热兵器时代，推动了现代战争的到来。以欧洲为例，火药的推广从根本上动摇了欧洲的封建统治，原本靠冷兵器称霸一方的骑士阶层被火药"炸得粉碎"。火药对欧洲文艺复兴和宗教改革都有着重要影响。

但火药存在的意义绝非在于发动战争，而是以强大的威慑力起到消停战争或自我保护的作用。恩格斯曾这样评价火药："火药和火器的使用，绝不是一种暴力行动，而是一种工业的，也就是经济的进步。"由此可见，火药的发明对世界历史演变的进程有着直接且重要的影响。

## 火药除用于军事之外还有哪些用途？

火药在军事上的主要用途是制作枪弹、炮弹和发射火箭等，在工业上广泛用于开山采矿、工程爆破、金属加工等方面。在生活中，火药最常见的应用非烟花爆竹莫属，人们都喜欢燃放和观赏绚丽的烟火，但是烟花燃放后会产生大量有害气体和粉尘，从而污染大气并影响人体健康，因此我国许多城市都限制烟花爆竹的燃放。

# 文明之母
## ——印刷术

印刷术也是我国四大发明之一，与造纸术相辅相成，对人类文明有着不可估量的贡献。印刷术的出现给知识的保存和传播提供了极大的便利。它的发明和推广，在人类文化、政治、经济等领域产生了巨大的影响，因此有人说印刷术是"文明之母"。

## 雕版印刷术

唐朝时期，造纸术盛行，读书写字的人迅速增多，书籍一时供不应求。因为当时的书都是手抄本，抄一本书不但费时费力，而且很容易出错，所以若是想推动书籍的生产和传播，就必须有一种省时省力的方式来代替手抄。

在当时，文人墨客很多，印章捺印和碑石拓印很常见，印章捺印和碑石拓印其实就是雕版印刷的原型。不过印章体积比较小，能印的面积十分有限；碑石虽然面积大，上面能容纳很多字，但是又大又重，刻起来十分费力。在碑石和印章的启发下，聪慧的古人发明了雕版印刷术。

雕版印刷的过程比较简单，先把要印的字写在薄纸上，然后反贴在木板上，工匠再用刀将字雕刻出来，这就是"雕版"。雕好版后，就可以印刷了。印刷的时候，先在底版上刷好油墨，然后把白纸铺在上面，再用干净的刷子轻轻地刷白纸，油墨印在纸上后，就可以拿下来了。这样反复许多次，印出一页一页的纸后装订成册，一本书也就印成了。

## 活字印刷术

雕版印刷术发明后，人们又觉得每印一本书都要雕刻许多木板，效率太低。于是到了北宋时期，毕昇发明了活字印刷术。

活字印刷术不再雕刻整块的木板，而是用胶泥刻字，每字一印，字印可以灵活地排列组合，这就是"活字"。印刷之前准备一块铁板，把字印在铁板上排列好，接着将墨刷在上面，最后仍是铺纸印刷、装订成册。采用活字印刷的好处在于字印在印完之后可以拆散，再用来排其他的书版，这样一来可以省略雕版的步骤，大大提高了印刷效率，而且印刷数量越多，效率越高。沈括曾称赞活字印刷术"若印数十百千本，则极为神速"。

毕昇发明的活字印刷术，是印刷史上的一次伟大革命，从此，印刷技术进入一个新的时代。相对于中国毕昇的活字印刷术，德国人谷登堡在约400年后才发明了铅活字印刷术。虽然毕昇的活字印刷术看起来比较原始，但其原理一直沿用到现在的印刷技术中。

## 印刷术的发展

### ◎ 转轮排字架

元代初期，著名农学家王祯改进了活字印刷术。为了进一步提高活字印刷的排字效率，王祯发明了一种转轮排字架，这种排字架是由轻质木料制成的，形似圆形桌面。转轮排字架上的轮盘用来存放木活字，能自由旋转，方便排字时灵活取字。王祯利用转轮排字架成功印刷了自己纂修的《大德旌德县志》，这是中国第一部木活字印刷本。

## ◎套版印刷

印刷术出现之后，长期停留在黑白印刷的阶段，有没有办法能实现彩色印刷呢？经过长期的研究，到了元朝，人们终于发明了套版印刷的方法。套版印刷是一种分板着色、分次印刷的方法，也叫多版复色印刷。先分别刻出两块同样大小的木板，两块板上分别刻出同一内容的不同区域，这些区域要分别刷上对应的颜色，然后分两次印刷，印到同一张纸上。由于这两块板大小相同，所以板上的内容和颜色就能对准。

## ◎饾版印刷

到了明朝，套版印刷逐渐流行起来，复色印刷的书籍越来越多。大概在明万历年间，人们在套版印刷的基础上，又发明了饾版印刷，把木刻版画的彩印术提升到一个崭新的水平。

饾版是把一块底版分成许多块小印版，这些小印

版再分别上色，然后按照颜色套印或者逐个印到同一张纸上，这样印刷出来的成品如同一整块底版印出来的一样，由于这些小印版码放起来就像堆叠起来的馄饨，因此被叫作"馄版"。用馄版印刷法印出来的书画，甚至能保证颜色的浓淡深浅与原画别无二致，因此非常适合印画。

**为什么说纸币是印刷术的"副产品"？**

北宋时，我国商业发达，经济繁荣，而当时流通的金属货币面值小且不易携带，人们需要一种能大量生产且便于携带的货币来满足市场流通的需求。同时，北宋时期的造纸技术发展成熟，雕版印刷盛行，于是我国最早的纸币"交子"就应运而生了。

# 千锤百炼
## —— 钢铁冶炼技术

　　铁是我们生活中最常见的金属材料之一，有着非常广泛的用途。在古代，人类最早的工具都是用石头或木头制成的，质量差、不耐用，而铁的出现将人类文明推向了新的阶段。中国是世界上最早发明铸铁术的国家，并且利用铁创造了一系列伟大发明，发展出独步世界的中国钢铁文明。

## 铸铁术的起源

　　早在尧、舜、禹时期，中国就已经有了青铜冶炼技术，到了商周时期，中国的青铜冶炼技术已经发展得十分成熟。春秋时期，冶铁技术也在中国出现了，此时中国使用的是块炼铁技术，这是一种将铁矿石加热使其软化，经过锻打制成熟铁的技术。块炼铁技术炼出的熟铁含碳量很低，质地较软，用途并不广泛。

　　虽然中国的块炼铁技术出现得比西方晚，但中国却在块炼铁技术出现后较早创造出铸铁术。所谓铸铁术，就是将铁矿石用竖炉熔炼成铁水，倒进模具中铸造成型的技术。铸铁也叫生铁，含碳量高，质地坚硬，熔点比熟铁要低，更易于熔炼和铸造，因此在我国，铸铁术出现后很快取代了块炼铁技术，这在世界冶金历史上都是一个里程碑式的进步。

目前世界上最早的生铁制品是出土于山西省曲村天马遗址的两块铁器残片，年代分别属于春秋早期和中期，而西方直到约14世纪才出现生铁制品。

## 铸铁术的改进

### ◎铸铁柔化技术

战国时期，铸铁技术在我国已经广泛流传开来，铁制工具十分常见，主要是各式农具。这时的铸铁主要是白口铁，这种铁虽然坚硬，但是比较脆，在使用中很容易折断，于是经过我国劳动人民的不断实践，铸铁柔化技术被发明出来。铸铁柔化技术大致就是在持续的高温环境下，使铸铁内的碳元素氧化并以石墨的形式析出，

这样处理过的白口铁就会变为柔韧性更强的白心可锻铸铁或黑心可锻铸铁。

我国的铸铁柔化技术出现后，对当时的社会生产力有着极大的促进作用。考古研究发现，战国到西汉时期有超过半数的农具都是经过柔化处理的，这些农具结实耐用，直到今天还有一定的强度。

铸铁柔化技术也被广泛应用于军事领域。战国后期，铸铁柔化技术变得更加精细，已经出现了表面为低碳熟铁、中心为高碳生铁的复合铸铁，利用这种铸铁打造出的刀剑非常坚硬锋利且有韧性，非常耐用。直到18世纪，欧洲才出现了白心可锻铸铁，比我国晚了约2000年。

## ◎ 铸铁脱碳技术

铸铁脱碳技术是另一种铸铁加工技术，大约出现在战国早期。铸铁脱碳技术与铸铁柔化技术相似，但加工对象有所区别，铸铁柔化技术的对象是成形的白口铁铸件，而铸铁脱碳技术的加工对象是板状或条状铸铁件。铸铁脱碳技术是将板状或条状铸铁件置于高温氧化环境中，并不断进行锻打，使铸铁中的碳元素降低，金属组织更加致密，铸铁经过高温脱碳处理后基本变为钢。换句话说，铸铁脱碳技术其实就是一种特殊的制钢技术。

目前已知最早的铸铁脱碳技术见于河南省登封市的阳城战国遗址，这个遗址中不仅有铸铁作坊，还有一批经脱碳处理制成的钢材。

## 百炼成钢

### ◎炒铁法

铸铁柔化技术和铸铁脱碳技术经过长期的实践和发展后，到了西汉时期，铸铁师又发明了一种十分有趣且更加先进的冶铁术——炒铁术。炒铁术就是把生铁加热到液态或半液态，再利用不同的手段将其氧化以降低生铁中的碳含量，当碳含量降到一定程度，生铁就会变成低碳钢，如果碳含量控制得更加精确，可以冶炼出中碳钢甚至高碳钢。因为这种冶炼方法在操作的时候需要不停地搅拌，就像在炒菜一样，因此被称为"炒铁法"，也叫"炒钢法"。

### ◎灌钢法

炒铁法在生产和军事方面都有着极大的贡献，炒铁法的发明无疑是冶金史上的又一大进步。然而中国古代的匠人并没有满足于此，南北朝时

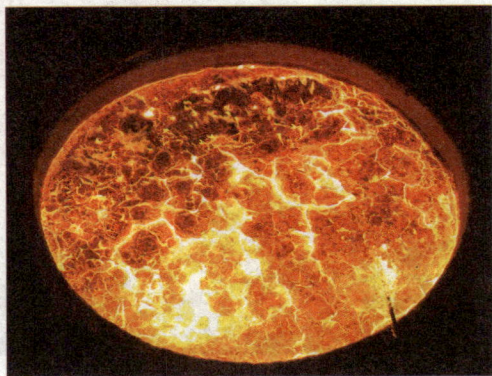

期，我国著名冶金家綦毋怀文根据前人的经验，将"炒铁法"进一步改进，使其发展为更加完善的制钢工艺——"灌钢法"。灌钢法就是先把含碳量高的生铁熔化，然后加入含碳量低的熟铁，把二者合炼成钢。使用灌钢法炼出的钢的碳元素分布更加均匀，同时灌钢法的操作更加简便，生产效率也更高。灌钢法是中国古代冶金史上的又一项伟大发明，正是由于无数匠人的钻研与实践，才得以让中国的冶金技术领先世界，自立于世界之林。

### 铸铁术与锻铁术的区别在哪里？

铸铁术是不同于锻铁术的冶金技术，二者的区别主要体现在铁件的成型方式上。锻铁术是通过反复加热、捶打，使金属锻造成型，费时又费力。而铸铁术是将金属炼化至液态，倒入模具中使其凝固成型，效率更高，而且铸出的铁质量更好。

# 水利鼻祖
## ——都江堰

　　在美丽富饶的成都平原西部的岷江上，坐落着一个庞大的水利工程——都江堰。都江堰自建成以来，已经高效运转了2200多年，是我国古代著名的水利工程。都江堰作为中国古人智慧的结晶，在世界水利史上有着非常高的地位。

## 水利文化的鼻祖

　　都江堰位于我国四川成都，是战国时期秦国蜀郡太守李冰带人修建的。都江堰自建成后一直使用至今，被誉为"世界水利文化的鼻祖"。

　　都江堰建在岷江上。战国时期，由于岷江流量极大，岷江两岸水患频发，经常淹没农田，造成灾害。为了解决水患，当时的蜀郡太守李冰总结了前人治水的经验，详细考察了岷江的地理条件，因地制宜，精心设计出了都江堰水利工程，并率领两岸百姓一起将其修建完成。都江堰建成后，岷江巨大的水流被驯服，流向了成都平原，成了灌溉农田的水源。

尽管都江堰水利工程建造于2200多年前，但它巨大的规模、科学的设计、精巧的施工及给当地带来的巨大效益，都是历史上独一无二的。2000年，都江堰水利工程被联合国教科文组织列入《世界文化遗产名录》。

## 最完善的生态工程

### ◎ 三大主体工程

都江堰由各级分水、排水、灌溉工程组成，主要有分水鱼嘴、飞沙堰泄洪道和宝瓶口引水口三大主体工程。

分水鱼嘴，俗称"鱼嘴"，是修砌在岷江上游中心的

一道分水工程，因为形似鱼嘴而得名。它与百丈堤、金刚堤等堤坝紧密配合，把汹涌流下的岷江水一分为二，分成内江和外江。

外江是岷江的正流，通向下游的灌溉渠道，同时也有泄洪排水的作用。内江是人工修筑的渠道，既用作灌溉渠道也用作航运通道。内江水流经宝瓶口引水口后被引入成都平原。金刚堤筑在宝瓶口引水口之前，负责控制流入宝瓶口引口水的水量。宝瓶口引水口是一个人工开凿的河口，有着控制内江进水量的作用，因为外形酷似瓶颈，因此被称为"宝瓶口"。

飞沙堰泄洪道与金刚堤连接，主要负责排水入江。

因为飞沙堰的堰顶比金刚堤要低，当内江流量过大时，内江水会漫过飞沙堰顶流向外江，既保证了内江灌溉水量不会太少，又能防止水涝灾害。

## ◎天人合一

这三大主体工程配合紧密，相辅相成，结合都江堰当地的地理条件，充分利用自然地理优势，利用自然弯道形成的流体引力，将地形与水势结合到一起，创造出了无坝引水、自流灌溉的工程奇迹，还集堤防、分水、引水、控流、泄洪等功能于一体，既解决了洪涝、干旱等问题，又带来了灌溉、水运等效益，将"天人合一"的思想体现得淋漓尽致。

都江堰工程涉及水利工程学、系统工程学、流体力学等领域，因此都江堰身上蕴藏了难以想象的科学价值，世界上许多水利专家在看完这座2200多年前修建的巨大水利工程后都赞叹不已。

### 天府之源

都江堰的整体设计不与自然为敌，而是因地制宜、因势利导，完美融合了自然力量与人类智慧，成为历史上最著名的水利工程之一。都江堰的建成，使水患频发的四川地区变为土地肥沃、物产丰足的天府之国。

《华阳国志·蜀志》中曾如此描述都江堰给四川地区带来的改变："……又溉灌三郡，开稻田。于是蜀沃野千里，号为'陆海'。旱则引水浸润，雨则杜塞水门，故记曰：水旱从人，不知饥馑，时无荒年，天下谓之'天府'也。"于是，都江堰也就有了"天府之源"的美誉。

在都江堰建成后，川蜀地区不再受旱涝灾害的影响，农业灌溉自然也不成问题。此外，水产养殖、交通水运等都有了稳定的发展基础，促进了川蜀地区农业经济的发展。

可以说，没有都江堰就没有富饶的"天府之国"。

### 都江堰为何能成为世界文化遗产？

都江堰历史悠久、规模宏大、结构科学，并且与自然环境完美融合，是全世界唯一存留至今的以无坝引水为特征的宏大水利工程，其先进的设计理念至今仍有价值。此外，都江堰历史文化气息浓厚，附近的青城山更是我国道教的发源地，青城山与都江堰一同被联合国列入了《世界遗产名录》。

# 长虹卧波
## —— 赵州桥

　　赵州桥，也叫安济桥，横跨在河北省赵县洨河之上1400多年，是世界上现存最古老、跨度最长、保存最完好的大型石拱桥。赵州桥不仅设计先进、结构科学，而且设计精巧、造型优美，在中国乃至世界桥梁建造史上都有着重要的地位，堪称"中国历史第一桥"。

---

## 赵州桥的建造

　　赵州桥由隋代著名匠师李春设计和建造，已经横跨在河北省石家庄市赵县城外的洨河上1400多年了。

　　随着隋朝的统一，长期以来南北分裂、动荡不安的混乱局面结束，南北方的贸易渐渐频繁，社会经济逐渐恢复和发展。当时，赵县的北边通向涿郡（今北京西南），向南可达洛阳，是南北方往来的必经之路，因此车马来往频繁，交通十分繁忙，可是经过赵县的人们却经常被洨河阻拦。

　　洨河河面宽阔，水流湍急，每到雨季水位上涨，还会淹没桥梁，使人们无法通行。于是朝廷命令修桥工匠李春在洨河上建一座大型石桥，保证南北贸易的正常往来。李春受命后，对洨河及两岸地质、河流流量等情况进行了仔细考察，考察完毕后，根据当地情况结合前人的修桥经验，进行了独具匠心的设计。在李春和许多能工巧匠的努力下，这座单孔坦弧敞肩的大石桥最终建成了。

## 出色的设计

### ◎坚固又稳定

经过实地考察后，李春选择将桥基放置在洨河两岸土地平坦、结实的地方，那里的土地土质密实、承重能

力强，是天然的良好地基，因此赵州桥的桥基特别牢固。赵州桥的桥台则采用了低拱脚、短桥台、浅桥基的设计，这样可以有效防止大桥主体因压力而下沉。

另外，李春还在洨河一侧的河岸筑起了一道金刚墙。这样做的目的是防止河水冲刷桥基和桥台，而且金刚墙和桥基、桥台相连，对桥的稳定性具有积极作用。

赵州桥的桥体全部用石块建成，因此桥体非常坚固，具有很强的承载能力。桥边的石栏上雕有各式花纹，线条流畅，雕工精美，将赵州桥点缀得雄伟壮丽。

## ◎ 单孔形式

一般来说，我国古代在建造跨度较大的石桥时会采用多孔形式。但是李春设计的赵州桥却是一个大拱，是单孔形式，桥中央也没有桥墩支撑，非常奇特。此外，桥体还是坦弧形式，坡度极低，桥面平坦，有利于行人和车马通行。

这样的设计在我国桥梁史上前所未有。

　　这座单孔坦弧石桥跨在河上，远远望去，犹如水上的月牙，又像一张尚未拉开的巨弓，造型奇特，古朴美观。宋代诗人杜德源曾评价赵州桥为"驾石飞梁尽一虹，苍龙惊蛰背磨空"。

## ◎ 敞肩式设计

　　赵州桥最令人惊叹的就是它"敞肩拱"的设计，在一个大拱的两肩上，又各砌了两个半圆型的并列小拱，这是一种前所未有的创造性设计。这样的设计是考虑到雨季到来，洪水泛滥、河水猛涨时可能会冲击桥体的情况而形成的。如果没有这四个小孔，那么洪水来袭时桥正面所

受的水压会变得很大，并且阻拦洪水，甚至引起河水漫出河岸。

这种大拱加小拱的设计不仅有利于排泄洪水，还节约了建筑材料，减轻了桥的重量，减少了桥基的压力，使桥梁更加美观。

## 领先世界

赵州桥的单孔坦弧敞肩式设计是我国古人又一个伟大的发明，开创了世界桥梁史上敞肩拱桥设计的先河。它科学的设计方案和高超的施工技艺，体现了我国古代桥梁建造领域的高度发达和古人的超凡智慧。赵州桥的外形设计和石雕工艺还融合了我国的民族特色和古人高超的手工技术，具有极高的技术价值。1991年，美国土木工程师学会将赵州桥评定为"国际土木工程历史古迹"。

### 赵州桥与一般桥梁相比有哪些突破？

赵州桥完全依靠一个个石块精巧地搭建而成，在材料选取上极为简单；赵州桥还空前地采用了单孔形式，没有桥墩；而最具影响力的设计当属它的敞肩拱形设计，有节约材料、利于泄洪、稳定性强等优点。这些开创性的设计理念即使对现代桥梁建筑业来说也是极具借鉴意义的。

# 千年不倒的
## 木结构建筑

中国传统建筑是中国古人智慧的结晶，不同地区的建筑风格虽然有所不同，但在建筑材料、空间结构上却有着极高的相似性，很多地区的建筑以木结构为主。中国传统木结构建筑因为其极高的营造技艺而闻名世界，在世界建筑史上有着很大的影响力。

## 木结构建筑的分类

早在新石器时代，中国就出现了用木结构支撑房屋的半地穴式建筑。那时的人们住在人工或天然地穴中，房屋有一半深入地下，一半露出地面，屋中墙壁内侧用一根根木柱支撑。后来先民逐渐走出地穴到地面上居住，而使用木结构来建造房屋的习惯保留了下来，并且随着房屋建造技术的发展，慢慢形成了具有中国特色的木结构建筑。中国古代木结构建筑主要有四种类型，分别是抬梁式、穿斗式、井干式和干栏式，其中最常见的是抬梁式和穿斗式。

## ◎抬梁式构架

抬梁式构架，也叫叠梁式构架，这种构架的制作方法是先用柱子把一根横梁撑到屋顶，然后在横梁上立短柱，短柱上继续撑起短横梁。依此类推，根据屋顶的高度一层一层地叠落，直到接近房顶，最后在每根梁的末端架起一根支撑屋椽的长木条——檩子。这样，一个抬梁式的房屋就基本完成了，屋顶从外面看是坡形，屋顶的纵截面则是三角形。

抬梁式结构比较复杂，且建造时需要大量木料，施工时更是要求细致。但因为其在室内立柱较少，使室内有较大的空间，而且结构结实，造型美观，因此很受一些大户人家的喜爱。

## ◎穿斗式构架

穿斗式与抬梁式不同，它是一种直接用立柱支撑檩子的构架。建造时，屋内并排立起数根木柱，每根木柱上撑起一根檩子，檩子负责支撑屋椽。每一排立柱之间都用穿透木柱的木枋连接，构成一榀梁架。如果一间房屋内有多榀架梁，那么这些梁架就得用一种叫作额的构件连接起来，目的是保证房屋的稳定性。由于屋内立柱高度不同，檩子撑起的屋椽就变得倾斜，因此穿斗式构架的屋顶也呈坡形。

与抬梁式房屋相比，穿斗式房屋建造时需要的木材较少，但由于屋内有很多立柱，因此室内的空间就相对较小。

## 斗拱结构

在中国传统木结构建筑中，有一个非常引人注目的结构——斗拱。因为斗拱位于屋檐下，所以许多人将它和屋檐混为一谈，其实斗拱的作用不仅仅是支撑屋檐那么简单。

对一般的小型建筑来说，屋椽的突出部分就足以承担屋檐的功能。但对一些大型的房屋甚至宫殿来说，它们需要更突出的屋檐，但屋椽的突出部分又往往难以承受巨大屋顶的重量，因此就需要一种构件来帮屋椽分担重量，于是斗拱就诞生了。

斗拱由斗型的木块"斗"和弯曲的木条"拱"组成，因此被称为"斗拱"。斗拱由这两部分层叠交错构成，不仅可以承担支撑屋檐的作用，还有装饰点缀的效果。随着我国建筑工艺的发展，斗拱也产生了千变万化的风格，极具特色。

## 榫卯结构

在木结构建筑的发展过程中，极具智慧的古人发明了一种不需一钉一铁就能将两个甚至多个木构件拼接在一起的神奇的拼接方式——榫卯。

榫卯的原理非常简单，就是将一个木构件凸出的部分插入另一个木构件凹入的部分。凸出的部分叫"榫头"，凹入的部分叫"卯眼"。榫卯结构按照形态的不同分为长短榫、楔钉榫、燕尾榫等类型，不同类型的榫卯相互结合，可以使诸多木构件"天衣无缝"地形成一个整体。

位于浙江宁波的河姆渡遗址中出土过采用榫卯结构的木质房屋，其中还有梁、柱等木结构房屋构件。难以想象，在连铁制工具都没有的新石器时代，人类竟然发明了如此神奇的建筑结构。

**中国传统建筑的屋顶为何都呈有弧度的坡形？**

坡形屋顶蕴含着古人的生活智慧。一方面，坡形屋顶有利于排水。由于古代建筑材料的防水性能普遍较差，人们为了避免墙体被雨水浸透而垮塌，所以采用了坡形屋顶。另一方面，延伸出的屋檐经常会挡住阳光，导致屋内采光不良，古人发现如果把屋檐稍稍翘起，就可以让更多的阳光进入室内，既能完美地解决采光问题，又能起到排水作用。经过长时间的发展，中国传统建筑的屋顶出现了各种各样的装饰，既有观赏价值又有实用价值。

# 夜观天象制成
## 天文历法

中国是世界上最早产生天文学的国家之一，中国古人研究天文学的目的一般是出于农业生产和制定历法的需要。据史料记载，几千年来我国对太阳、月亮、彗星、新星等天体以及日食、月食、太阳黑子、流星雨等罕见的天象都有研究，而且在天文仪器和历法制定等方面长期领先于世界。

## 盖天说与《周髀算经》

盖天说是一种宇宙学说，是人类最早的对宇宙认识的总结。远古时期的人们仰望天空、脚踏大地，凭借直觉认为天是一个圆形的穹顶，而大地是方形的，就像古诗中说的"天似穹庐，笼盖四野"，这就是盖天说，也叫"天圆地方说"。盖天说还认为日月星辰随着天盖的运动而出现了距离上的远近变化，并不是消失或沉到地下了。最早的有关盖天说的文字记载出自《大戴礼记·曾子天圆》，曾子是孔子的弟子，他曾发出"天圆而地方，则是四角之不揜也"的讨论，意思是"天是圆的，地是方的，那么天是盖不住地的四角的"，可见在那时盖天说就已经出现了。

盖天说是古人对宇宙结构最早的认识，尽管并不准确，但其中关于天体运动方面的描述却是突破性的。

随着盖天说的不断完善，在西汉时期出现了一部详细解释盖天说的数学天文著作——《周髀算经》。《周髀算经》是中国现存最早的一部天文学著作，一些专家认为这本书孕育于周朝，是经历了长期的积累最终在西汉时期编撰完成的。

为什么说《周髀算经》是一部数学天文著作呢？这是因为其中大部分的内容都是通过数学方法来解释当

时的天文历法和宇宙学说的，书中还首次出现了勾股定理、分数运算和开平方法，反映了当时我国先进的数学水平。

## 浑天说与浑仪

随着人们对宇宙天体认识的深入，新的宇宙理论——浑天说出现了。浑天说的代表人物张衡将天比为一个巨大浑圆的鸡蛋，里面充满了水，严严实实地包裹着地，地就像鸡蛋中的蛋黄，孤零零地漂浮在里面。浑天说认为天或者宇宙是球形的，也从侧面说明了地球也是球形的。

浑天说出现后，支持浑天说的人同盖天说学派之间产生了持久的"学术争论"，古人为了更好地解释天象以佐证浑天说而发明了浑仪。

浑仪也叫浑天仪，是一种用来测定天体位置的天文观测仪器。浑仪模仿天球的形状而制成，由三个圆环组成球形，用一根铁轴贯穿球心。铁轴就代表了地球的地轴，三个圆环分别是固定在地轴两端的"子午环"，

平行于地球赤道的"赤道环",装有望筒、可以用来观测或计算天体位置的"赤经环"。

后来,浑天仪经过不断改进和完善,可以被天文学家用来观测太阳、月球和其他一些天体。浑天仪蕴含了中国古人对宇宙的向往和无穷的智慧,在天文学历史上具有里程碑式的意义。

## 天文与历法

历法是在天文学的基础之上衍生出来的,古时候的天文学家在观测和研究天象时推算出了年、月、日的周期,并且总结出了这些时间单位的计算方法,于是历法就产生了。中国是世界上最早使用历法的国家之一,我国历史上有许多重要的历法著作,这些著作对我国经济、文化的发展有重要影响。

### ◎《夏小正》

《夏小正》是中国最早的物候专著,成书于先秦时期,也是我国现存最早的记录农事的历书。这部历书中有着相当多的天文、历法和农业知识,它以星象的演变区分月份,并按月份记载了物候、气象、天象等的变化,不过书中缺少二月和十二月的星象记载。书中内容以农业生产为主，包括农作物种植、畜牧、渔猎、蚕桑等方面，这也体现出先秦时期我国农业已经有了一定的发展。

## ◎《太初历》

《太初历》是我国历史上第一部较为完整的历法，于西汉至东汉时期施行。《太初历》规定了一年为约365天，一月为约29天，还将每年农历正月初一确定为一年的开始。《太初历》首次将二十四节气纳入了历法，把二十四节气与一年十二个月的周期相结合，用来指导农

事生产，对农民的生产生活产生积极影响。

　　《太初历》是当时世界上最先进的历法，它的施行是我国历法史上一次重要的进步。

**为什么二十四节气被誉为"中国第五大发明"？**

　　二十四节气是上古时期的人民通过研究天体运行、四季规律和物候变化而总结出的一套特定节令。二十四节气将太阳的运行轨道划分为24等份，每1份对应一个节气，每个节气都准确地反映了对应月份中自然节律的变化。不仅如此，二十四节气还融合了干支纪年法和古代哲学思想，是一套非常全面且准确的知识体系。

# 影响世界的
## 中国古代数学

中国古代数学的起源可以追溯到甲骨文时代，这说明中国人研究数学也有着悠久的历史。不仅如此，中国古代在数学领域有着许多遥遥领先于世界的发明和成就，并且这些发明和成就对世界数学史有着深远的影响。

## 十进位值制

十进制记数法是人们常用的记数法，很多人不知道这是中国历史上的一大发明。考古学家在我国一些新石器时代的遗址中发现了十进制计数的痕迹，因此许多专家认为在那时就已经有了十进制记数法。河南安阳的殷墟遗址中出土了有十进制数的象牙尺，这说明商代时人们已经将十进制应用到实际生活中了。

更重要的是位值制概念的出现。位值制的全称是"位值制记数法"。有了位值制后，当数字按顺序排列时，就可以表示一个数的大小，这一串数字中不同位置上的数字，其数值大小也不相同。比如我们看到数字"100"

时，就能明白它是一百的意思，但在没有位值制概念的文明中，人们要想表示一百，可能要写下10个"10"。

有了十进位值制，中国古代的数学家才能进行简便快捷的运算，这为中国古代数学体系的建立打下了基础。如果没有位值制概念，历史上任何算术领域的进步都是极难实现的，因此，十进位值制对中国古代数学乃至世界数学的发展都有不可磨灭的贡献。

英国著名科学史学家李约瑟曾如此评价十进位值制的重要性："如果没有这种十进位值制，就几乎不可能出现我们现在这个统一化的世界了。"

## 勾股定理

勾股定理是几何数学中最基本的定理之一，是指在直角三角形中，两条直角边的平方之和等于斜边的平方。为什么要叫"勾股"定理呢？因为这个定理是中国人发现的。在古代，人们把直角三角形叫作勾股形，短直角边为勾、长直角边为股、斜边为弦。早在周朝时，《周髀算经》

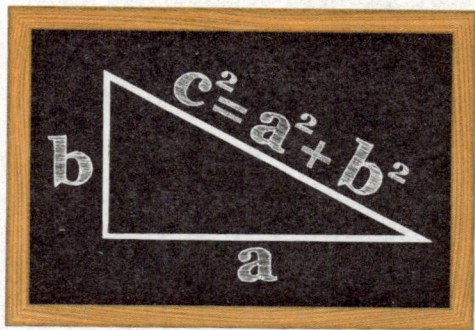

中就已有"故折矩以为勾广三，股修四，径隅五"的记载。

勾股定理是中国古代数学史上最重要的发现之一，比古希腊数学家毕达哥拉斯发现这一规律早了300多年。勾股定理的发现是几何学的开始，而且它是第一个将代数与几何结合起来的定理，对世界数学史的发展有着非常深远的影响。

## 珠算的发展史

### ◎ 算筹

珠算是一种以算盘为工具，通过手指拨动算珠进行计算的方法。珠算不仅可以进行简单的加、减、乘、除，还能做到开方等复杂的数学运算。最早有关珠算的记载出自东汉数学家徐岳所著的《数术记遗》，可见珠算有着悠久的历史。

可是，珠算这种方法并不是随着算盘的出现而诞生的，最早的珠算工具只是一根根小小的木棒——算筹。

算筹在中国古代数学史上具有重要的地位，春秋时期就已普遍使用了。算筹的使用极为简单，只需要通过横、竖不同的摆放方式就能表示数字，还能进行分数、小数甚至方程式的运算。

## ◎算盘

算筹有很大的局限性，比如在计算比较大的数值时会占用很大的面积，而且摆放不正就容易造成计算错误。到了唐代，商业发展得很快，数字计算因此增多，人们需要更便捷的计算方法。同时由于在进行乘、除运算的时候，算筹使用起来十分麻烦，因此人们迫切地需要新的计算工具和新的计算方法，珠算和算盘应运而生了。

到了宋代，乘除法进一步改革，算盘的功能也逐渐完善，造型接近于今天的样子。北宋张择端的名画《清明上河图》中，就有一把算盘摆放在一个药铺柜台上的画面；南宋刘胜年所绘的《茗园赌市图》中也清晰地画有算盘。

在元代初期时的启蒙课本《新编相对四言》中就有关于珠算和算盘的内容，既然珠算已经进入了课本，就说明珠算在当时已经得到相当程度的推广。到了明代，珠算已经推广到全国，同时出现了专门论述珠算的作品，其中最有代表性的便是《算法统宗》，书中内容涵盖

了珠算口诀和算盘的使用方法等，极大地推动了珠算的普及。

由于珠算简便易懂，珠算口诀便于记忆，算盘十分便携，所以珠算不仅在我国被普遍应用，在国外也备受推崇，甚至有人说珠算应当算作中国的第五大发明。

### 学习珠算有哪些好处？

现在许多家长都愿意让孩子学习珠算和使用算盘，因为在学习珠算时，使用算盘可以锻炼孩子手指的灵活性，刺激孩子大脑的发育；背诵和运用口诀又能锻炼记忆力和思考速度，刺激孩子大脑的发育，因此学习珠算对开发孩子的大脑很有帮助。

# 农业古国的
## 辉 煌 成 就

中国是世界上农业历史最悠久的国家之一，也是世界农业的起源地之一。上古传说中，神农氏发现了诸多草药和五谷杂粮，因此被奉为农业之神。其实神农氏是无数智慧的中国劳动者的化身，是他们发明了耕作用的工具，并且开拓了中国几千年的农业文明史。

## 龙骨水车

### ◎水车的起源

龙骨水车也叫翻车，是一种带有刮板或水桶的水轮，通过水力、畜力、人力等动力驱动，将水从河、湖中带出并用于灌溉，是我国出现最早、使用最久的农田灌溉工具。龙骨水车在我国东汉时期就已出现，三国时期著名机械制造家马钧又对其进行了改进和推广。

### ◎工作原理

龙骨水车的主体是一个大型木轮，木轮由水槽、辐

条、刮板等组成，因为这种水车的外形好似龙骨，所以得名"龙骨水车"。龙骨水车一般安置在河、湖等的岸边，木轮下端没入水中，转动时刮板刮水，水槽盛水。当水槽转动到另一侧，里面的水会倒进渡槽，然后流进农田。

龙骨水车最初需要通过人力踩动一旁的拐木来实现转动，后来逐渐改进为利用牛等畜力拉动齿轮来使木轮运转。后世又有了利用水流推动木轮，使其不断翻转，周而复始地将水提上来的办法。

◎ 简单实用

龙骨水车制作简单，结构合理，圆形木轮便于搬运，可以轻易地在取水点之间转移。同时龙骨水车便于操作，甚至不需要人看管就能持续灌溉。因此一经问世，龙骨水车就迅速得到推广，在唐宋时期是我国最普遍的灌溉工具，甚至今天一些农村仍有人用它汲水。龙骨水车大大提高了灌溉效率，对我国古代的农业生产有很大的促进作用。

## 梯田

梯田是一种在丘陵或山地上修筑的波浪式断面或台阶式的农田。许多人以为梯田是大自然的鬼斧神工，其实梯田是我国古代劳动人民奇迹般的创举。

　　梯田的历史十分悠久，据说在秦汉时期就已经出现了。水稻是我国最主要的粮食作物之一，而种植水稻需要大面积的水田，而我国东南地区的一些省份却位于丘陵地带，那里很难找到大面积的平原来种植水稻。于是人们便别出心裁地在丘陵或山坡上开垦土地，修整成一级级阶梯一样的农田，并在此耕种。梯田是人类对抗自然、改造地表形态的伟大成果之一。

　　梯田出现后，人们又修建了一道道水渠来输送水分，还建起了堤坝来涵养水源，防止灌溉用水流失。就这样，在丘陵地带大面积种植水稻的"幻想"在勤劳勇敢的中国古人手中变成了现实。

但梯田的作用不仅限于种地，科学家发现，梯田中的水渠和堤坝可以防止水土流失，还能阻止水流过大而产生地面径流。一级级的台阶式设计不仅扩大了耕地面积，还有利于农田的通风和接受光照，对农作物的生长有积极作用，如今梯田主要作为旅游景点供人观光。

## 徐光启与《农政全书》

《农政全书》是明代科学家徐光启所著的一本集古代农业科学之大成的农学著作。书中内容大致分为农政措施和农业技术两部分，涵盖了农耕、农器、水利、桑蚕、种植、畜牧等方面，内容十分详尽。徐光启在编写《农政全书》时收录了许多前代农书中的资料，为后世留下了大量宝贵的文献资料。但他并不是盲目地追随前人，而是注重实践，批判性地收录了前人的文献，去掉其中错误、迷信的内容。徐光启热衷于新作物的试验与推广，致力于发展新的经济作物，同时根据自己实践的成果写下自己的观点和体会，在前人的基础上进行了考证和补充。书中还贯串着徐光启治国治民的"农政"思想，这是其他大型农书所不具备的。

《农政全书》的内容之丰富、叙述之科学、思想之先进都是历史上极为罕见的，是我国传统农学成就的集大成者，因此在我国农学历史中极负盛名，在我国农业科学、历史文化等方面都有非常高的价值。

### 中国古代的五大农书是哪些？

《农政全书》是中国古代的五大农书之一，另外四本分别是西汉氾胜之所著的《氾胜之书》、北魏贾思勰所著的《齐民要术》、宋代陈敷所著的《陈敷农书》、元代王祯所著的《王祯农书》。这五本农书是中国现存的古代农学专著中的典范。

# 衣被天下
## ——纺织技术

中国是世界上最早出现纺织技术的国家，早在新石器时代，古人就已经开始养蚕、取丝、织绸，同一时期出现了纺轮、腰机等原始纺织工具。汉代时，中国开始大量出口丝绸。历史上，中国的纺织技术一直领先于世界，是中国最重要的科学技术之一。

## 纺织技术的起源

在我国神话传说中，发明纺织技术的人是嫘祖，她是华夏之祖——黄帝的妻子，民间称其为"先蚕娘娘"。为何是"先'蚕'娘娘"呢？因为正是嫘祖发现了吃桑叶的蚕会吐出蚕丝，而蚕丝是一种编织衣物的绝佳材料，于是她发明了养蚕抽丝的技术，才让纺织成为可能，因此嫘祖被人们尊称为"蚕神"。

虽然嫘祖的故事只是传说，嫘祖可能只是我国古代无数勤恳智慧的劳动者的化身，但可以肯定的是，中国是世界上最早开始养蚕抽丝和发明纺织技术的国家。

1958年，在浙江省湖州市发现的钱山漾新石器时代遗址中，出土了一批包括绸片、丝带、麻片、麻绳等在内的纺织品，其中的绸片、丝带等更是人类史上发现的最早的丝织品。我国还有许多考古记录都表明，在新石器时期，我们的祖先就已经在使用丝织品了。

## 黄道婆改进纺织技术

### ◎不幸遭遇

黄道婆是元代著名的纺织专家和纺织技术改革家，在我国纺织技术史上有着非常高的地位。

黄道婆又名黄婆，幼年时被卖作童养媳，因为公婆的百般欺辱而逃到了海南地区。她在那里生活了30多年，从勤劳的黎族人民那里学会了先进的棉纺织技术，成了一名非常优秀的纺织专家。

## ◎全面革新

后来，黄道婆终于回到了自己的家乡松江，可她发现家乡的纺织技术还很落后，于是她就将自己的全部所学，毫无保留地传授给了故乡的人民。她还将自己的技术结合实践进行总结，创造了一套更加先进的纺织技术。

为了进一步提高纺织效率，她还致力于改进落后的纺织工具，对轧花车、弹棉椎弓和纺车等工具进行了全面的革新。

## ◎衣被天下

在黄道婆的大力推广下，先进的植棉、纺纱、织布技术很快就在松江地区流传开来。随着纺织效率的提高，人们的生活水平大大改善了，松江地区甚至成为全国的棉纺织业中心和棉花种植基地，极大地推动了明清两代乃至后世江南地区的农村生产和经济发展。

后人对黄道婆有着"衣被天下（使天下人都有衣服可穿）"的极高赞誉，英国著名科学史学家李约瑟博士曾评价黄道婆为"十三世纪杰出的棉纺织技术革新家"。

## 丝绸之国

丝绸毫无疑问是中国的特产，在古代，中国的丝绸制品并不仅仅是几块布匹、一件衣服那么简单，它还是能够翻山越岭，敲开国际之门的外交"工具"。

随着我国纺织技术的不断完善，我国生产的丝绸制品已经变得非常华美且具有代表性了。在西汉时期，我国著名外交家张骞排除万难，开辟了一条连通我国与西域的道路，后来这条道路被用来向外运输丝绸等特产。随着这条商路的开辟，世界上第一次大规模的东西方商贸交流开始了，丝绸作为中国特产渐渐成了闻名中外的奢侈品。

传说古罗马的凯撒大帝就非常喜欢丝绸，当他穿着中国的丝绸外出时甚至引得别人站立围观。古罗马人称中国为"丝绸之国"，而张骞开辟的这条连通中西的商路被西方人称为"丝绸之路"。

随着丝绸带动了东西方的交流，我国的纺织技术

也不断向外传播。唐代玄奘著述的《大唐西域记》中就有我国纺织技术传入瞿萨旦那国的相关记载。李约瑟在他所著的《中国科学技术史》中专门讲述了中国的缫丝车、纺车、提花机、纺丝机等纺织工具传入欧洲，并使欧洲的纺织技术有了很大的改进，甚至对欧洲的纺织工业革命有直接的影响。

### 纺织技术对人类有多重要？

纺织技术最直接的作用就是织布，吃饭和穿衣对古人来说是头等大事，吃饱穿暖后才能考虑其他事情。纺织技术帮助人类解决穿衣问题，纺织技术的普及又促进了手工业的发展。当纺织机器出现后，纺织效率大大提升，经济贸易也越来越频繁，国际上最早的大规模贸易往来正是源自"丝绸之路"。可以说，纺织技术的出现及发展是人类文明进程中的重要一环。

# 中国刺绣中的
## "丝情画意"

刺绣是在织物上用彩色丝线绣出花纹、字样、图案的手工技术，就像写在纸张上的书法艺术一样，刺绣是以织物为纸、以线为墨、以针为笔的针绣艺术。作为一种中国民间传统手工艺，刺绣有着悠久的历史和浓厚的艺术价值，是珍贵的非物质文化遗产。

## 中国刺绣的历史

中国刺绣的起源早，相传在远古时期人们就开始刺绣了，有着"舜令禹刺五彩绣"的传说。现在可以确定的是，在夏商周时期，中国刺绣技术已经有了一定的发展。人们曾在陕西省宝鸡市茹家庄西周墓室的淤泥中发现了我国最早的锁绣痕迹，锁绣是目前现存最早的刺绣针法。到了战国至秦汉时期，锁绣针法发展至顶峰，诸多考古发现，如湖北荆州马山楚墓中的盘龙飞凤纹刺绣、湖南长沙马王堆汉墓中的各类云气纹绣，都显示着楚汉刺绣之美。

南北朝时期，佛教在中国盛行，刺绣的题材随之增加，许多善男信女希望通过刺绣大量佛像来为自己积累功德。佛教圣地——敦煌是古代佛像刺绣大量集中的地方。

到了唐宋时期，刺绣艺术发展到了一个新的阶段，除了锁绣，平针、钉针、钉金绣等刺绣针法大量出现，刺绣技法有了很大提升。除此之外，唐代刺绣开始朝着"高端化"发展，许多刺绣都成为达官显贵、帝王官宦喜爱的装饰品，还出现了专门为皇家所用的宫廷绣。

宋元之际，人们将刺绣用作书画、摆饰等，还开创了人物故事的新刺绣题材，民间多用来点缀服饰。

明清以来，刺绣更加盛行，不仅宫廷绣的规模扩大，民间也出现了多种独特的刺绣风格，先后产生了众多的地方名绣，比如有名的中国四大名绣：苏绣、湘绣、蜀绣、粤绣，另外，还有陇绣、顾绣、京绣、鲁绣等。这些刺绣流派风格各异，经久不衰，是中国刺绣之林中的瑰宝。

## 中国四大名绣

### ◎ 苏绣

苏绣是苏州一带的代表性刺绣。苏绣的特点是图案逼真、色彩多样、针法灵活、技法精致。苏绣作品中，远景的山水、楼阁有远近之分，观之能产生深邃之感；近景

的人物、动物神态各异、栩栩如生。因此苏绣作品也因其逼真的艺术效果而闻名。苏绣的针法众多，大多以套针为主，讲究绣线之间相互套接而又不露针迹。一些苏绣大师常用几种颜色相近的丝线彼此搭配，用套针法绣出渐次浓淡的晕染效果，还能在景物之间留出空白，呈现出景物的轮廓，使得景物层次分明。

## ◎ 湘绣

湘绣是湖南地区的代表性刺绣，有着鲜明的湘楚文化特色。湘绣的特点是构图严谨，色彩鲜明，图案立体、真实。湘绣常用各种丝线、绒线来绣制，色彩丰富的绣线搭配千变万化的针法使湘绣有很强的表现力，无论是山水、人物，还是花草、鸟兽，都生动逼真，活灵活现。而且湘绣还注重刻画物体的细节，即使是动物的毛发、花草的枝叶，也力求做到惟妙惟肖。因此湘绣有着"绣花花生香，绣鸟能听声，绣虎能奔跑，绣人能传神"的美誉。

## ◎ 蜀绣

蜀绣，也叫"川绣"，是以成都为中心的四川地区的刺绣。蜀绣久负盛名，晋代史书《华阳国志》中称当时蜀地的刺绣十分有名，甚至能与蜀锦相提并论，一同被视为蜀地特色。蜀绣作品大都贴近生活，多出现在日用品上，如被褥、枕套、衣物、鞋帽、画屏等。题材多是具有吉祥、喜庆寓意的民间吉语、传统纹饰、花鸟虫鱼等。蜀绣的特点是色彩鲜丽、用针工整、图案边缘清晰平整、富有立体感。蜀绣一直是全国最受欢迎的商品绣之一。

## ◎ 粤绣

粤绣是广东地区的代表性刺绣，历史悠久，相传起源于黎族的织锦。粤绣的一大特点是用线种类繁多，根据题材的不同或艺术表现的需要来选择用线，施针方法不拘一格，而且在布局上很少有空隙，即使有空隙，也多被花草树木等填满，因此粤秀常呈现出图案丰富、布局紧凑、场面热闹、颜色绚丽的观感。值得一提的是，其他地区的绣工基本上都是女工，而粤绣的绣工却以男工为主，这或许

是因为粤绣的绣制内容过多，并且有不少大件，这对绣工的体力有一定要求。

### 中国刺绣为何享誉世界?

刺绣在中国有着悠久的历史，不仅中国人对它有着深厚的感情，如今在国外，古老的中国刺绣迸发出了新的活力：一些人把刺绣作为解压、放松的方式；还有一些人将刺绣与自己国家的文化融合，绣制出新型的刺绣作品；更有一些外国设计师把带有中国刺绣的衣服送进了时装展……

中国刺绣不仅是一种装饰品，更是一种拥有悠久历史和深厚文化底蕴的手工技术，有着极高的艺术价值，因此能在世界各地备受青睐。

# 我们的中国

## 我们的文化

沛 林◎主编

三辰影库音像电子出版社
北京

图书在版编目（CIP）数据

我们的中国．我们的文化 / 沛林主编． — 北京：
三辰影库音像电子出版社，2022.10
ISBN 978-7-83000-577-1

Ⅰ．①我… Ⅱ．①沛… Ⅲ．①中华文化－少儿读物
Ⅳ．①K203-49

中国版本图书馆 CIP 数据核字 (2022) 第 152310 号

**我们的中国．我们的文化**

责任编辑：龙　美
责任校对：韩丽红
出版发行：三辰影库音像电子出版社
社址邮编：北京市朝阳区东四环中路 78 号 11A03，100124
联系电话：（010）59624758
印　　刷：天津泰宇印务有限公司
开　　本：880mm×1230mm　1/32
字　　数：196 千字
印　　张：10
版　　次：2022 年 10 月第 1 版
印　　次：2022 年 10 月第 1 次印刷
定　　价：68.00 元（全 4 册）
书　　号：ISBN 978-7-83000-577-1

# 前言

中国是一个地大物博、历史悠久的文明古国。在这片美丽而神秘的土地上，世代居住生活着勤劳、善良的中华儿女。数千年来，我们的先辈利用蕴藏在江河、山川以及大地中的自然资源，创造出数不清的精神财富和物质财富。

为了让孩子们进一步了解我们的祖国，我们精心编著了《我们的中国》。通过阅读此书，孩子们能够了解到长江、黄河等中国重要河流的概况、历史及流域内的著名景观；欣赏到具有代表性的各个朝代流传至今的国宝的造型、工艺成就和背后的趣味故事；认识到以四大发明为首的发明创造在推动人类文明进程中的伟大意义；理解为何书法、茶、剪纸等文化能够盛行千年而不衰。

《我们的中国》语言生动，图片精美，栏目丰富，编排巧妙，直观地呈现了中国大地的大江大河、文化遗产、发明创造等，让孩子们犹如身临其境畅游中国，从不同角度感受华夏之美，中国之伟大，感知深厚的历史文化底蕴，不仅能拓宽孩子们的视野，增加知识储备，还能增强孩子们的爱国热情和民族自豪感。

# 目录

**方寸乾坤——汉字 / 1**

汉字的雏形 / 1

汉字的演变 / 2

独特的表意文字 / 5

**笔走龙蛇——中国书法 / 7**

书法之美 / 7

书法之风 / 9

文房四宝 / 11

**尺幅千里——中国绘画 / 13**

三大画科 / 13

两大形式 / 17

**雅俗共赏——中国戏曲 / 19**

京剧 / 19

越剧 / 20

昆曲 / 22

**普天同庆——传统节日 / 24**

春节 / 24

清明节 / 26

端午节 / 27

中秋节 / 29

**齿颊生香——中国饮食 / 31**

鲁菜 / 31

川菜 / 32

粤菜 / 33

淮扬菜 / 34

**沁人心脾——茶文化 / 36**

喝茶习俗 / 36

茶馆文化 / 39

茶道 / 41

**驾雾腾飞——龙文化 / 42**

原始图腾 / 42

皇权象征 / 43

龙与中国建筑 / 44

**编织的艺术——中国结 / 47**

中国结的起源 / 47

中国结的种类 / 48

寓意与内涵 / 50

**镂空的艺术——剪纸 / 53**

剪纸类型 / 53

剪纸的应用 / 55

各地剪纸技艺 / 56

**休养生息之道——中医养生 / 58**

经络与穴位 / 58

推拿与按摩 / 60

刮痧与拔罐 / 61

**止戈为武——中国武术 / 63**

少林功夫 / 63

太极拳 / 65

尚武崇德 / 67

**民间的"宫殿"——传统民居 / 69**

北京四合院 / 69

安徽徽派民居 / 71

福建客家土楼 / 72

# 方寸乾坤
## ——汉字

文字是人类文明的载体，文字蕴含着文化发展的历史和人类智慧的结晶。汉字是世界上最古老、使用最广泛的表意文字。汉字承载着中华文化，汉字本身也是中华文化不可或缺的组成部分，是中华文化的精髓，维系着所有中国人的文化基因。

## 汉字的雏形

汉字是世界上最古老的文字之一，汉字最初并非如今的"方块字"，而是经过很长时间的演变才变成了今天的样子，考古学家调查发现，汉字的雏形很有可能是一种用来记事的像图画一样的符号。在我国甘肃省的大地湾遗址中出土了一批新石器时期的陶器，这批陶器上有许多带有不

同含义的刻画符号，不仅如此，在陕西省的半坡遗址中也发现过类似的刻画符号。相关学者认为，这些刻画符号是象形文字的雏形，汉字正是在此基础上发展而来的。

## 汉字的演变

### ◎甲骨文与金文

商朝时，我国出现了最早的成熟的汉字——甲骨文，甲骨文就是刻在龟甲或兽骨上的文字。甲骨文的笔画纤细、结构匀称，虽然大体上还是"图画字"的形式，但已经形成了文字体系，对后世汉字的发展有极其重要的影响，可以说，甲骨文是汉字的"鼻祖"。

商周时期，青铜器大量出现，人们开始在青铜器上刻字，青铜是金属，因此刻在青铜器上的文字被叫作"金文"，又因为钟鼎上的金文最多，所以这种文字也被称为"钟鼎文"。商朝时的金文还

和甲骨文非常相近，到了周朝，金文大大简化，结构和字体更加规范，字也越来越多，汉字正在向下一个阶段演化。

## ◎ 小篆

　　春秋战国时期，各个诸侯国都有自己的文字，一时间出现了一字多形、繁简不一的局面。秦始皇统一六国后，推行小篆为全国统一的标准字体，从此各地的汉字开始统一，并逐渐定型。小篆与金文相比有许多优势，比如笔画线条的粗细相同，文字结构也更加简单，字体大小统一，基本上都呈方形。小篆奠定了汉字"方块字"的基础，使汉字的写法规范起来。

　　但小篆也存在一些问题，比如笔画大多以弧线为主，不管是转折还是斜线都必须要写成标准的弧形，笔画要求工整匀称、粗细一致，这样写起来有一定难度，而且很费时间。尽管小篆有很高的艺术价值，但作为通用字体在民间并不受欢迎，因此汉字很快就走向了下一个演化阶段。

## ◎ 隶书

秦朝时，人们在篆书的基础上创造了隶书。到汉朝，隶书已经发展得十分成熟。与篆书相比，隶书的笔画更加丰富，字形更加美观、工整，风格多样。隶书摆脱了先前汉字的象形成分，改成了新型的笔画更简单的文字，因此书写也更容易。于是隶书取代小篆成为正式的书写体，这就是"汉隶"。

## ◎ 楷书

东汉末年，隶书逐渐演变成为楷书，随后的魏晋时期楷书不断成熟，最终在唐朝时达到巅峰。因为笔画平整、形体方正、结构紧凑，可以作为人们学习写字的楷

模，故被称为楷书。

到了宋朝，印刷术飞速发展，从楷书这种字体逐渐衍生出了一种专门用于印刷的字体——宋体。宋体横平竖直，十分规整，适合阅读，因此成为书籍报刊等印刷品的常用字体。

除此之外，汉字在演变过程中还出现了奔放不羁、行云流水的草书，以及介于草书和楷书之间、富于变化、收放自如的行书。草书的书法作品具有很高的艺术价值，被很多书法家钟爱，而行书没有严格的书写规则，因此成了人们日常书写的常用字体。

## 独特的表意文字

中国的汉字是世界上现存唯一大规模使用的表意文字，表意文字最大的特点就是音、形、义的统一。

绝大部分汉字是单音节字，一个汉字读出来就是一个音节，同时还有一字多音的情况，也就是多音字。

汉字是由象形文字发展而来的，尽管结构已经简化，但直到今天，很多汉字的字形还能和相关事物联系起来，尤其体现在组成汉字的偏旁上。例如，有"木"的字，大多与树木有关；以"氵"为偏旁的字，大多代表与水有关的事物；含有"目"的字，一般与人的眼睛有关。这样的汉字即使人们不认识，也能大概猜测出它的意思。

几乎每一个汉字都能表示一个词语或者意思，字和字之间可以灵活地组合成词语或句子。而且有相当一部分汉字是可以"望字生义"的会意字，比如三人成"众"、小土为"尘"、不正为"歪"、丰色为"艳"等。

### 为什么英文键盘能输入汉字？

其实汉字不仅是独一无二的表意文字，还是少数有拼音的文字之一，只不过汉字的拼音并没有标注在文字上，而是编写为一套单独的注音方案。汉语拼音是我国人民的一个伟大发明，它是一种用拉丁字母表示汉字拼音的方法，再加上后来拼音输入法的发明，我们才能轻松地用键盘输入汉字。有了拼音之后，汉字才能走向国际，被其他语言者学习。因此汉语拼音的发明有着普及汉字、发展国民教育、维护国家统一等积极作用。

# 笔走龙蛇
## ——中国书法

中国书法是一种历史悠久的汉字书写艺术，汉字是用来记录和传递信息的工具，而书法是赋予汉字美感的艺术。世界上许多文字都有自己的书法，但它们很少能成为一种独立的艺术。中国书法以独特的汉字为基础，可以反映出书写者的思想、情感甚至人格，具有极高的艺术与人文价值。

## 书法之美

"方圆里有玄妙，挥洒间有乾坤。"中国书法不像某一种具体的艺术那样有着严格的评判标准，它是在汉字几千年的演化历史中衍生出来的，有着众多流派和千变万化的形式，但不论是哪一种字体或流派，书法的美都集中体现在汉字的形态之美、书写的章法之美和书法的意境之美三方面。

### ◎汉字形态美

汉字的形态之美体现在文字的线条和结构上，如笔画之间的贯通联络、偏旁之间的排列组合、汉字排列状态的错落有致等，汉字形态美是人们观察书法作品时最容易看出的美，因此汉字的形态是否优美是人们判断书法作品是否优秀的最基本的标准。

## ◎ 书写章法美

　　书写的章法之美体现在运笔的起伏、缓急、力度、气势等方面，中国书法没有格式或线条的限制，一张白纸就是毛笔的舞台，各种书体和风格的书法家就在这张白纸上自由发挥。欣赏书法作品时，人们首先会看到书法的构图，即是否将空间充分利用，是否有合理的留白；其次会观察笔势的变化，即是杂乱无序还是四平八稳；最后就是看整幅作品带给人的感觉，即是自然朴实

还是豪放洒脱等，专业的鉴赏者甚至能看出作者创作时的心情。

## ◎ 书法意境美

书法的意境之美是一种内在美，它不仅体现在书法作品本身的气韵上，更包含了书写者的书写状态、思想感情甚至精神状态。古人评价书法应"神采为上，形质次之"，意思是说书法的最高境界就是追求神采。神采是书法的灵魂，它是建立在前两种美之上的，书写者通过高超的笔法把自己的情调、风度和思想表达出来，从而形成了许多鲜明的书法个性和艺术风格，因此古今许多书法家都以独特的意境作为自己书法道路上的最高目标。

## 书法之风

中国书法是中国最有代表性的艺术之一，是世界非物质文化遗产，但它并不是一种高高在上的艺术形式，而是深入到人们的生活各处，是一种非常普遍的艺术形式。

在古代，书法经常是官员选拔考试中的重要一环，因此在古代，书法是读书人的必修课程之一，久而久之，书法演变成了民间文人的一大爱好。到了现代，人们对书法的喜爱丝毫未减，它在人们的生活中随处可

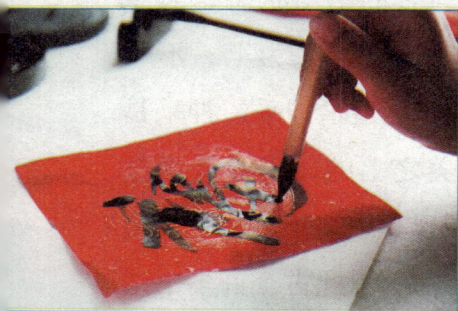

见。比如，全国各地的风景名胜几乎都有历史名人题下的书法。一些学校的校名、公司的名字或乡镇的牌楼，也会请书法家来书写。银行、商店、酒店等的招牌或牌匾也是很常见的书法作品。

人们对书法的喜爱不止如此，在家中都悬挂着收藏的书法作品。过春节时，家家户户都会在大门上和门框两边贴上各式各样的福字和春联以增添节日气息，这些福字和春联多是风格各异的书法作品。就连我们经常见到的人民币上的"中国人民银行"这六个字也是由书法名家写成的。

人们不仅喜欢欣赏和收藏书法，还喜欢亲自去书写。现在许多学校都开设了书法班，很多家长非常愿意让孩子去学习书法，以此来培养孩子的文学素养。不少中年人也喜欢在业余时间沉浸在书法世界中感悟生活。最狂热的书法爱好群体莫过于老年人了，他们在退休后有大量时间可以练习书法，通过书法活跃思维、陶冶情操、修身养性。

## 文房四宝

　　文房四宝是我国独有的书法和绘画工具，分别是笔、墨、纸、砚。它们作为书写工具有着悠久的历史，对中国书法艺术的发展有非常重要的影响。

　　文房四宝中的"笔"是指毛笔，毛笔的笔杆一般是竹制的，笔头由兽毛扎成并粘接在笔杆上。兽毛制成的笔头蓄墨能力强，富有弹性且不易变形，好的毛笔在书写时会根据书写者的运笔方式产生粗细、刚柔、浓淡、燥润等变化，多种多样的书法风格也就应运而生了。因此有人说，书法家对毛笔的驾驭能力决定了他书法成就的高低。

文房四宝中的"墨"并不是现在常见的墨汁，而是一种固体颜料——墨锭，这也是我国古代的发明之一。传统的墨锭种类繁多，样式精美，上面有各式文字、雕刻或图案，是一种独特的工艺品，具有很高的艺术价值。

纸是中国四大发明之一，而书法专用的纸是宣纸，宣纸有质地绵韧、洁白细腻、不易老化、不怕虫蛀、润墨性强等特点，因此被称为"纸中之王"。

"砚"就是砚台，也称砚池或墨池，是写毛笔字时盛墨、蘸墨的容器。写字前，需要在砚台中滴一些水，随后把墨锭放在砚台中慢慢研磨成墨汁。写完字后，还要及时清洗砚台，否则残墨会干燥结块，影响下次使用。

## 中国书法为什么能长盛不衰？

中国书法是在汉字的发展过程中衍生出来的，是与汉字紧紧联系在一起的。首先，汉字的发展是不断创新的，因此不同时代的书法都有相应的文化基础。其次，无数文人墨客对书法艺术的钻研和取得的成就，使书法成为一种文化符号。最后，中国人深厚的文化底蕴，使书法文化能够深深植入我们的民族文化，从而一代代地传承下来。

# 尺幅千里
## ——中国绘画

中国绘画有着十分悠久的发展历史，是我国独具特色的艺术形式。我国一直有着"书画同源"的说法，即中国绘画与中国书法同根同源，因为它们的前身都是远古时期用于记事的刻画符号，在那时图画与文字并没有明显的区别。经过数千年的发展和演变，中国绘画已经成为世界艺术史上极具代表性的瑰宝。

## 三大画科

中国绘画在世界美术领域自成独特体系，可分为人物画、山水画和花鸟画等画科。

## ◎ 人物画

人物画，顾名思义，就是以人物形象为主题的绘画，人物画追求描绘和塑造逼真传神的人物形象，主张以形写神，强调形神兼备，常以环境氛围、人物的动作和神态等来表现人物的性格特点。按照描绘内容侧重点的不同，人物画有描绘人物形象的肖像画，记录生活习俗的风俗画，以道教、佛教为主题的道释画等。

人物画是中国三大传统画科中最早出现的，据我国考古成果，在西周时期就已经有了以各种人物为主题的绘画。到了汉朝，人物画已经发展成熟，出现了许多不同风格、特点鲜明的画作。

魏晋时期，佛教画随着佛教的传播进入了中国，汉魏时期的传统绘画风格与外来的绘画特点相互融合，推动了人物画的进一步发展。到了隋唐时期，人物画发展至鼎盛阶段，当时社会繁荣，人民安乐，因此人物画也逐渐从宗教化向世俗化发展，出现了大量描绘日常生活的画作。

两宋时期的人物画多以历史故事和政治事件为主题，其中风俗画随着宋代经济的发展而得到进一步发展，描绘的人物阶层更丰富，反映的社会面更广。元明清三代的人物画又有突破，许多画家借绘画表达自己的艺术情操和生活态度，出现了大量诗文书法与绘画相结合的新作品。

## ◎山水画

山水画是以山水等自然景色为主题的绘画，也叫风景画，是中国画传统三大画科之一。山水画主要表现丰富多彩的自然风光，体现了古代文人崇尚自然的风气。

山水画在魏晋南北朝时期就有了一定发展，但主要依附于人物画，通常用来塑造人物的背景。隋唐时期的中国绘画作品以人物画为主，但许多画家开始专注于自然风景，因此山水画逐渐兴起，并独立于人物画之外。两宋时期山水画发展迅速，这时候的山水画注重还原真实的自然景色，提倡细腻、写实的风格，且常用绢

质画布，这种画布非常利于画家用墨进行渲染以展现景色的雄伟静谧之美。元朝的山水画开创了写意的新风，注重以虚代实，利用巧妙的笔法表达自然风景的气韵。明清时期的山水画出现了许多画派，有的喜欢仿古，有的主张创新，山水画达到了前所未有的辉煌。

## ◎ 花鸟画

花鸟画以花草、鸟兽、虫鱼等为主要描绘对象，体现多姿多彩的自然生物之美，画家通常借花鸟画来表达自己的思想感情或当时的社会生活。

花鸟画是三大画科中出现最晚的，大约在隋唐时期开始兴起。由于当时的社会背景，唐朝花鸟画大多描绘仙鹤、孔雀、蜂蝶及各种花草等具有富贵、吉祥寓意的自然生物。宋朝的花鸟画渐渐发展成熟，不再以富丽风气为主，出现了追求自然野逸的流派。不少画家在绘制花鸟画时注重表现花鸟草木的内在精神，他们给这些自然生物赋予了某种高尚的人格特征，从中可以看出人们理想的道德境界。比如被称为"岁寒三友"的松、竹、

梅，被誉为"花中四君子"的梅、兰、竹、菊，这些独特的题材和清新的绘画风格在当时掀起了一股新的风潮，这些植物渐渐成为花鸟画中最有代表性的题材。

## 两大形式

中国绘画已经发展了两千多年，在无数画家的钻研和推广下，形成了诸多类型和流派。如果根据绘画的表现形式来划分，那么中国绘画可以分为工笔画和写意画两大类。

### ◎ 工笔画

工笔是一种以精细、工整的笔法来描绘事物的画法，也被称为"细笔"。作画时，工笔画有严格的步骤：一般要先打草稿，草稿经过反复修改后，再细细地勾勒线条、敷色、层层渲染。因此工笔画十分注重笔法的运用和画作的布局。

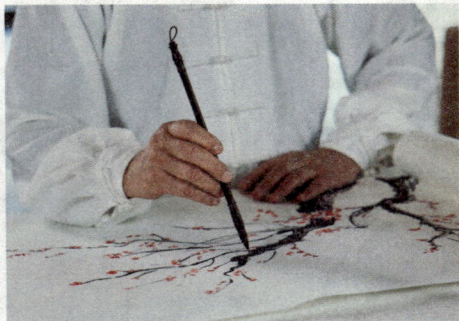

## ◎写意画

写意是与工笔相对的画法，通常用简练、随意的笔法描绘景物，因此也称"粗笔"。写意画没有固定的绘画模式，强调作者个性的发挥，在作画时注重用简练的线条高度概括景物，因此对画家用墨手法的要求较高，追求笔随意走，一气呵成。

**中国绘画为什么直到今天都如此受欢迎？**

中国绘画在几千年的发展历史中一直遵循着不变的原则，那就是对善的追求。绘画是一种艺术，也是用来记录生活和表达情感的方式，中国绘画从来不描绘暴力、战争等负面元素，而是关注人与自然，尤其注重表现人心中的"善"。不论是哪一画科，最终表现出的都是一种天人合一的和谐意境，因此人人都会因为感受到中国人至善的精神品质而喜欢上中国绘画。

# 雅俗共赏
## —— 中国戏曲

中国戏曲是深受人们喜爱的综合艺术形式，是融合了文学、美术、音乐、舞蹈、杂技、武术等多种艺术形式的表演艺术。中国戏曲具有十分悠久的历史，与希腊戏剧、印度梵剧并称为"世界三大古老戏剧文化"。中国戏曲经过长期的发展衍生出了数百个剧种，其中以京剧、越剧和昆曲最为知名。

## 京剧

说起中国戏曲，很多人的第一反应就是京剧。没错，京剧确实是中国影响力最大的戏曲剧种，而且有着"国剧""国粹"之称。京剧在表演、文学、音乐、美术等方面都有着非常高的艺术标准，声腔以二簧、西皮为主，场景精简，注重写意，主要伴奏乐器为胡琴、锣鼓等，角色分为生、旦、净、丑四大行当。

明清时期，徽州商人富甲一方，当地经济快速发展，文娱活动也随之兴起，徽剧应运而生。后来徽州艺

19

人将徽剧慢慢传播开来，直到清乾隆年间，著名的"四大徽班"陆续来到北京进行演出，这些顶尖的徽剧艺人与其他流派的艺人相互合作和交流，使几种地方戏曲不断融合，又吸收了一些民间曲调，最终形成了京剧。

由于京剧起源于多个地方剧种，所以它包含更广的生活领域和更多的人物类型，在表演技艺和舞台形象的表现上也有更高的要求，但京剧并不是把生活或文学作品中的人物原原本本地搬到舞台上的，而是用艺术手法对其进行加工。因此，京剧是一种虚实结合的艺术，强调"以形传神，形神兼备"。

## 越剧

越剧是中国第二大戏曲剧种，被誉为"流传最广的地方剧种"，并且有着"第二国剧"的称号。

越剧的前身是浙江地区一种名叫"落地唱书"的说唱艺术，因为表演艺人多为男性，因此也叫"男班"，后来逐渐发展成规模较小的"小歌班"。越剧在20世纪初传入上海后又演变为全部由女艺人演出

的"绍兴女子文戏"。

　　据说有一次，上海《申报》的一名记者在给绍兴女子文戏写广告时，想给这种戏曲起一个固定的名字，他左思右想，偶然看到了李白的《越女词》诗集，里面描写了古代越国女子的美貌和当地的美丽风景，又想到绍兴正是古时候越国的所在地，就将"绍兴女子文戏"改名为"越剧"。后来，"越剧"这个名字被越来越多的戏班和剧团使用，最终在中华人民共和国成立后，这种艺术形式被统一称为"越剧"。

　　越剧在发展过程中受到了上海话剧和昆曲的影响，唱腔婉转优美，表演动人，十分善于抒发感情，且多以"才子佳人"为主题，是一种写实与写意相结合的艺术形式。

## 昆曲

　　昆曲，原名昆山腔，也叫昆剧，是我国古老的传统戏曲剧种之一。昆曲大约起源于南宋时期的浙江地区，因为以南方民间音乐为主要曲调，因此也被称为"南戏"。但南戏一直以来都是一种没有固定戏曲形式的民间艺术，具有很强的随意性，因此并没有在艺术性上有明显的发展。

　　到了明朝初期，南戏流传到北方地区，从北方各种戏曲艺术中吸收了大量养料，受到了很多曲艺人才的关注。据说明朝皇帝朱元璋还曾专门叫人在皇宫中表演南戏，这给南戏提供了一个极好的发展机会。后来南戏与昆山地区的音乐结合，有了"昆山腔"之名，最终在明

朝中期发展为表演体系完整的戏曲艺术。昆曲在诞生之后风靡全国，极受欢迎，一直到清朝中期，昆曲都是我国影响力最大的剧种，而且在昆曲的基础上又发展出了许多新的剧种，因此昆曲被誉为"中国戏曲之母"。

　　昆曲唱腔婉转悠扬，音域极宽，节奏缓慢，表演细腻，再搭配轻柔优雅的动作和身段，形成了一种飘逸、典雅的戏曲形式。

### 京剧的四大行当是怎么来的？

　　四大行当是根据剧中角色的性别、年龄、职业、性格等特点划分出来的角色类别，分别是生、旦、净、丑。生是男性正面角色，分为老生、武生、小生；旦是女性正面角色，有正旦、花旦、刀马旦、老旦等；净，也叫花脸，通常是相貌或性格有突出特点的男性角色，既有正派，也有反派，分正净、架子花、武二花等；丑则是喜剧角色，也叫小花脸，分为文丑和武丑。

# 普天同庆
## ——传统节日

传统节日是我国传统文化的重要组成部分，是民族和国家的历史、文化、人文精神等方面的缩影，有着深远而浓厚的文化背景。中国是世界上传统节日最多的国家之一，我国的许多节日都反映了我国博大精深的历史文化和丰富多彩的社会生活。

### 春节

在中国，春节是一年中最隆重的节日了，春节的时间是农历的正月初一，是新的一年的第一天，因此也被叫作新春。可是，你知道吗？古人虽然也在正月初一过

节，但"春节"这一称呼在古代是没有的，这一称呼是近代出现的，此后这一说法便一直延续下来了。春节是集家人团圆、祈年祭拜、除旧布新于一体的民俗佳节。

在中国民间，传统意义上的春节往往从腊月初八的腊八节就开始预热了，腊月二十三或二十四的祭灶节是春节开始的序幕，也被称为"小年"，除夕夜和正月初一是春节的高潮，很多地方的春节会一直持续到正月十五。

## ◎节日习俗

小年一到，人们就要开始准备过春节了，家家户户都会在窗户上贴窗花，还要购买肉、菜、瓜果、零食、新衣服等过年需要的食品和用品，俗称"办年货"。到了腊月二十八，人们又会在大门上贴福字、门神，还要在门框上贴春联，有的家庭还会在家中贴年画，这些新年元素通常是大红色的，目的是增添喜庆的节日气息，蕴含着人们对新年的美好期望。

## ◎节日饮食

春节期间，北方地区餐桌上最重要的食物非饺子莫属，饺子在古代叫作"交子"或"娇耳"，有新旧交替之意，是中国的传统美食。饺子馅类多样，荤素搭配，营养丰富，冬天吃饺子可以驱散寒气，补充营养，因此饺子一直深受人们的喜爱。

## 清明节

清明节在每年公历的4月5日，位于仲春与暮春之交，清明既是一个自然节气，也是我国重要的传统节日，是我国历史最悠久的节日之一。

古人每到这一天都会举行迎春祭祀活动，祈求作物有个好收成。随着历史的发展，人们赋予了清明节更多的文化内涵，使清明节最终演变成既有自然内涵又有人文思想的传统节日。

## ◎节日习俗

每年清明节一到，人们就会带上酒食瓜果，去扫墓祭祖、缅怀祖先，表达对逝者的思念之情，这是清明节最重要的传统习俗。由于清明时节春回大地，万物复苏，正是踏青春游的好日子，因此人们在扫墓之后往往会远足踏青，游山览水，亲近自然。在踏青时还会放风筝、折柳枝、编柳环等。

## ◎节日饮食

青团是我国南方地区的传统特色小吃，也是清明节人们最常吃的食物。青团是将一种清明时节才有的艾草榨出汁，与糯米粉搅成面团，再加入豆沙等馅做成的团子，因为这种团子蒸熟后颜色碧绿，所以叫作青团。青团又软又糯，香甜可口，还带有艾草的清香，是天然绿色的健康食品，深受人们的喜爱。

### 端午节

端午节又叫端阳节、五月节等，时间是每年农历的五月初五。端午节具有很长的历史，据说起源于上古时期

人们由于崇拜天象和龙图腾而举行的一系列祭祀活动。在数千年的历史中，人们又不断地丰富了端午节的内涵，使其成为一个具有丰富的节日习俗和深厚的文化内涵的传统节日。

## ◎ 节日习俗

端午节赛龙舟的习俗由来已久，其起源可以追溯到战国时期。相传在屈原以身殉国、投江而亡后，人们为了不让鱼虾吃掉他的身体而划起小船，驱赶鱼群。后来每到农历五月初五人们就划龙舟纪念屈原，慢慢地又演变成了龙舟竞赛活动。

戴香包也是端午节的传统习俗之一。香包也叫香囊，大人们将有吉祥寓意的五色丝线编织成囊，再把雄黄、艾草等中草药装进去，让孩子们佩戴在身上，可以起到熏香、驱虫、辟邪的功效。

## ◎ 节日饮食

提到端午节就不能不说粽子。粽子是非常有历史文化内涵的中国传统美食之一，它的前身是远古时期人们祭祀用的"角黍"，也有传说指出粽子是为了纪念屈原而出现的，不管起源如何，粽子几千年来一直风靡全国。粽子馅料种类繁多，南北风味各不相同，各具特色。

## 中秋节

每年农历八月十五是中秋节，也叫仲秋节、团圆节等，是中国重要的传统节日之一，由古时候秋分时节的祭月活动演变而来。中秋佳节满月悬空，家人团圆，人们祈盼秋天丰收、生活幸福，是人文气息非常浓厚的传统节日。

## ◎ 节日习俗

赏月是中秋节不可或缺的重要习俗。赏月由祭月演

变而来。中秋时节阖家团聚，人月两圆，家人们聚在一起品尝瓜果，欣赏满月，表达对美好生活的期望，因此中秋节就有了"团圆节"的别称。

## ◎ 节日饮食

月饼是中秋节必不可少的传统美食。月饼最初是祭月时的供品，后来逐渐演变成中秋节的节日食品。满月象征团圆，月饼也是团圆的象征。人们在制作月饼时，用模具在月饼上印出各种花纹和文字，以增添节日氛围。

### 中国为什么有那么多传统节日？

大部分中国传统节日最初设立的目的是为了祭拜祖先和神灵、祈福消灾、联络感情等，仪式感很强的中国人喜欢在每年新年开始、农事开始与结束等特定的时间举行各种祭祀和庆典，祈求新年平安或农业丰收等，于是这些特定的时间就渐渐与祭祀和庆典活动融合演变成节日了。

# 齿颊生香

## —— 中国饮食

中国有句俗语叫"民以食为天"，对人们来说，饮食不仅仅是延续生存的手段，更是一种经久不衰的文化。中国是一个地大物博的多民族国家，在源远流长的饮食文化发展史上诞生了各具特色的地方菜系，其中以鲁菜、川菜、粤菜和淮扬菜最为出名，并称为"四大菜系"。

### 鲁菜

鲁菜即山东菜，是北方地区流传最广的菜系之一，也是北方的代表菜系。鲁菜主要由济南菜和胶东菜两个地方菜系合并发展而来，以注重细节、用料讲究、刀工精湛、调味和谐、火候精准而闻名，主要的烹饪技法有爆、炒、烧、炸、溜、焖、扒等，口味以鲜、咸为主。

鲁菜的风格是大方高贵，不剑走偏锋，吃过鲁菜的人都对其丰盛实惠、大盘大碗的特点印象深刻，这正是山东人热情好客的性格的反映。此外，山东人吃饭注重礼仪，这可能是受孔子"礼食"思想的影响。传统鲁菜

非常讲究排场和质量，这也是山东人豪爽大气的体现。

由于山东省地形多样，资源丰富，因此鲁菜的品种多样，不论是飞禽走兽、蔬菜瓜果还是各种山珍海味，都能在鲁菜师傅的菜单中找到。山东临海，海产品资源丰富，烹饪鱼、虾、蟹、参、贝等都是鲁菜师傅的拿手好菜。

## 川菜

川菜即四川地区的传统菜系。说起川菜，人们的第一反应就是麻、辣、味道厚重，这是因为四川地区盛产各种麻椒、辣椒，四川地区的人们善于就地取材，物尽其用，于是创造出了这样一种地方风味浓郁的菜系。

辣椒、胡椒、花椒是川菜中出场率最高的配料，因此川菜的口味多数较辣，但实际上川菜的味型是非常丰

富的。川菜讲究口味多、广、厚，有"一菜一格、百菜百味"的说法，除了最常见的以麻辣为主的麻辣味型，还有酸辣、甜辣、香辣、鱼香、红油、五香、怪味等几十种味型。

川菜还有取材广泛的特点，川菜的原料通常以家常食材为主，常用小炒、干煸、干烧等烹饪方法，再配以各式各样的调料调味，就形成了一道道川味十足的特色菜。川菜的整体风格就是朴实清新、雅俗共赏，因此川菜也被人们称为"百姓菜"。

## 粤菜

粤菜即广东菜，起源于中原地区，由于历史变迁、朝代更迭，中原人逐渐迁移到了南方，并把中原地区的烹饪手法和饮食习惯一并带去。相比于中原地区，广东地区的食材更丰富，且垂手可得，于是形成了选材精细、讲究鲜活的广东菜系。

粤菜讲究"不时不吃、不鲜不吃"，意思是根据季节、时令选择食材，追求食材最新鲜的状态，而且要选择食材最好吃的部位来做菜，追求鲜嫩、清淡，还原食

材的本味。

粤菜不仅在食材的选择上广泛且精细，调味品也十分多样且讲究，比如蚝油、豉汁、酸梅酱、沙茶酱、鱼露等，这些调料既要有独特的风味，本身味道又不能太强烈，目的是不掩盖食材本身的风味，因此粤菜对厨师调味的水平要求得很高。

## 淮扬菜

淮扬菜的"淮"指的是淮安一带的淮菜，"扬"指的是扬州一带的扬菜，因此淮扬菜是淮扬地区的地方菜系。淮扬菜的主要风格是清淡平和，制作精致。

淮扬地区水系众多，水产丰富，因此食材以水产为主，再加上淮扬地区水运发达，新鲜水产源源不断，于是形成了淮扬菜选材要求鲜活、精细的特点。淮扬菜以煮、烩、

墩、焖、蒸等为主要烹法，目的是还原食材的本味。

淮扬菜的另一大特点就是造型美观，注重菜品外形。我们经常能看到许多摆盘巧妙、造型精致的淮扬菜品，其中最有代表性的就是冷菜拼盘。拼盘中的一块萝卜能被技艺高超的淮扬菜厨师雕成色彩鲜艳的花、振翅腾飞的鸟，生动逼真，堪称菜中的艺术品。

### 中国菜为什么能风靡世界？

中国菜能征服全世界人的味蕾，其中最主要的原因是中国饮食的多元化，中国菜品种的多样是令人难以置信的，几乎可以适应每个国家的不同菜系。其次，是中国菜的味道，中国饮食有着几千年的历史，里面融入了中国人对味道的极高要求和丰富的菜品种类。还有就是中国菜的性价比，与西方人不同，中国人聚在一起喜欢大盘大碗地吃饭，因此中国菜量大又实惠。

# 沁人心脾
## ——茶文化

中国是茶的发源地，传说神农氏发现了茶叶，茶作为中国代表性的饮品已经有几千年历史。中国人不仅将茶当作一种饮品，还在悠久的饮茶历史中将其发展为一种独特的文化，小小的茶杯中包含着中国人的礼仪与思想，浓缩了中国深厚的历史文化和精神文明。

## 喝茶习俗

中国自古以来就是礼仪之邦，非常重视礼节，因此中国人在喝茶的时候也有着繁多的礼仪习俗，尤其是在接待客人的时候，给客人沏茶、敬茶的礼仪体现着主人对客人的态度。

### ◎饮茶准备

当家里有客来访，主人要先征求客人的意见，选用优质、干净的茶具和客人喜欢的茶叶来沏茶待客。一套高档的茶具能体现主人的品味和档次，但不管是高档还是普通的茶具，都要保证干净，茶壶内要保持清洁，茶杯中不能有水渍。茶具在使用前还应该用开水迅速清洗一遍。

沏茶前要拿出家中的茶叶让客人选择，并询问其喜欢浓茶还是淡茶，随后依此决定取茶和倒水的多少。取茶时也不能直接用手抓取茶叶放进壶中，而应用茶勺等工具。除此之外，可以适当地准备一些糕点、小吃来佐茶。

沏茶时要遵循"高冲水、低斟茶"的原则，根据茶叶选用温度适宜的热水，倒水入壶时要从高到低"点头"三次，俗称"凤凰三点头"，这是对客人表示敬意的一种礼仪。

## ◎ 饮茶礼仪

茶叶冲泡完毕后，主人要先将茶水倒入分茶杯或公道杯，目的是将茶水冲匀，并让客人闻到茶水的香味。放下茶壶时也要注意壶嘴不能朝向客人，这是对客人礼貌的表现。接着就是将茶水均匀地分给客人，每个人杯中的茶水要一样多，不能厚此薄彼。倒茶时一定要注意不能倒满，中国有句老话叫"七分茶，三分情"，意思是只能倒七分满，留出三分空间，使客人握杯时不会烫手。如果茶杯离客人较远，主人还要双手将茶杯端给客人，这叫"奉茶"。

主人在与客人饮茶时，要注意客人杯中的茶水余量，不要等客人喝完再续茶，而要在客人的茶剩下三分之一左右时就续茶，且要注意茶水浓度应保持前后基本一致，

不能直接往客人杯中倒热水。

另外，当我们作为客人接受主人倒茶时，应该用叩指礼表示感谢。喝茶时切忌"豪爽"地干杯，饮茶时应该细品慢酌，对主人的茶和泡茶技巧表示赞美和肯定。

## 茶馆文化

茶馆是专门供人喝茶、休息、交际的场所，不同地区对茶馆有不同的称呼，比如"茶楼""茶亭"等，此外经营范围比较小的茶馆也有"茶肆""茶室"等称呼。

我国饮茶历史悠久，茶馆在不同地区发展形成了不同的形式。比如四川地区的川派茶馆历史最为悠久，经历了从简朴的室外茶馆到豪华的茶楼的发展过程。茶

楼提供的服务多种多样，有棋牌、足浴甚至桑拿等。苏杭地区的杭派茶馆以幽静雅致著称，经营项目的类型多样，如今发展出主题茶馆、探索性茶馆、自助式茶馆等。要说最有名的茶馆，应该是北京的京派茶馆了。过去的北京茶馆来者不拒，上到达官显贵，下到市井百姓，形形色色的人在茶馆里品茶聊天，无所不谈，简直是社会的缩影。现如今人们喜欢去北京茶馆听评书、看相声或是京剧，这里是休闲放松、体会历史文化的绝佳去处。

经过长期的历史发展，茶馆已经不再是简单的饮茶场所了，而是一种可以提供各式服务的复合式休闲中心。茶馆文化促进了茶文化的传播，见证了不同时代、不同地区的人们的文化生活。

## 茶道

茶道即品茶之道，是一种以茶为载体，除饮茶的相关习俗之外，还包含了历史、文学、艺术等多个领域的综合文化。茶道文化中包含了宁静、淡泊、自然等高尚精神，这些茶道精神也是茶文化的核心。

古人经常通过交流茶道来增进感情、学习礼法、修身养性。茶道包括茶礼、茶规、茶法、茶技、茶艺、茶心六方面，即"茶道六事"。古人以茶入道，在烹茶、品茶中领悟天地自然的规律，使心境放松，让心灵感受茶的熏陶，最终修得"茶心"的最高境界，这与中国"天人合一"的思想不谋而合。

### 茶文化都有哪些内涵？

茶作为大自然的馈赠，被中国人培育成天然健康的绿色饮料，体现了中国人追求健康生活的人生观。中国人修行茶道、茶礼，强调以礼相待、以和为贵的明伦之道，茶礼、茶俗代表了中国人和而不同、海纳百川的发展观，博大精深的茶文化和茶道强调人与自然的和谐交流，体现了道法自然、天人合一的价值观。

# 驾雾腾飞
## ——龙文化

龙是古老的中国文化中极其重要的一种动物图腾。中国文化中的龙神通广大、神秘莫测，是富有力量和灵性的神兽，因而子孙后代自称"龙的传人"。龙文化已经渗透到中华文化的方方面面，深深地影响着我们的思想和生活。

## 原始图腾

我们都知道龙其实是不存在的，它是古人想像出来的一种生物，那么龙的形象究竟是怎么来的呢？传说在

上古时期，人们以部落为单位生活在一起，每个部族都以自己崇拜的动物作为自己部落的图腾。在华夏始祖合并了所有的部落，建立了一个巨大的部落联盟后，他想要给这个大联盟设计一个前所未有的图腾，于是从各个部落的动物图腾中选取一部分特征融合成一个新的动物，这就是龙。

龙是由许多动物的形象融合而成的，龙图腾代表着中华大地上不同民族、部落的融合。

## 皇权象征

在封建社会，统治者将龙作为至高无上的皇权的象征，自称为"真龙天子"，这无疑是对龙图腾崇拜的最高形式。在神话中，龙能上天入地、施云布雨，是能给人带来好运和吉祥的神兽，这是一种原始的美好向往，因此皇帝以龙自称，也是希望在自己的统治下黎民百姓能够安居乐业。

后来龙的形象逐渐与皇帝的形象融合，成了皇帝的"专利"，比如皇帝的身体叫作"龙体"，皇帝身体不适叫作"龙体欠安";皇帝的脸叫"龙颜",皇帝若是生气了,就叫"龙颜大怒";皇帝的专属座椅叫"龙椅",颜色一般是代表皇室威严的黄色,上面刻有各式龙的图案,高高地摆在朝堂之上;皇帝的朝服叫作"龙袍",它是至尊之服,做工极为精细,往往是用当时最好的丝线制成的。龙袍上一般绣着九条龙,前后各三条,左右两肩各一条,最后一条藏在衣襟里面。龙袍上一共有九条龙,并且不论是从正面还是从背面看,都能看到五条龙,这正是"九五至尊"之意。

## 龙与中国建筑

龙文化是源远流长的中华文化的重要组成部分,龙雄健而伟大,守护一方平安,有一种独特的美,因此中国古代的建筑师将龙的形象融入了各种传统建筑中,希望龙能够护人们平安,有龙元素的建筑在中国比比皆是。

### ◎房屋上的龙

屋顶常常是中国传统建筑中最有特色的部分,尤其是在许多象征着皇室威严的宫殿的屋顶上，高高在上地"伏"着许多龙。以紫禁城为例，紫禁城是世界上现存规模最大的木结构建筑群，这些宫殿顶上的各种脊其实就是一个个龙的形象，中间横着的正脊两端有各式龙形正吻，四条垂脊上也有形态各异的龙形小兽。规模更大的宫殿的屋顶上还会有戗脊和戗兽，角脊和角兽等。

## ◎华表上的龙

华表是古代宫殿、城垣等大型建筑前指示道路或装饰用的巨大石柱，是中国独有的一种传统建筑形式。以天安门广场上的华表为例，

华表的柱身是八棱柱，柱身上雕满了祥云图案，一条巨龙沿着柱身盘旋而上。柱顶上有一个承露盘，上面有一只名叫犼的神兽蹲着瞭望远方。

## ◎影壁上的龙

影壁是一种常见于宫殿、寺庙、官府等深宅大院的在正门内起屏障作用的墙壁，是极具中国特色的建筑元素。九龙壁是影壁中的杰作，位于紫禁城内，上面雕有九条外形、神态各异的龙，有着彰显皇室身份、装饰点缀、镇宅驱邪、保护隐私等作用。

## ◎瓦片上的龙

在中国古代建筑的屋檐末端常常能看到一些下垂着的圆形瓦片，这些瓦片叫作瓦当，是用来防水排水、保护檐头、装饰点缀的建筑构件。瓦当是古代建筑师们发挥创意的绝佳舞台，有文字纹、云头纹、动物纹等图案，其中最精巧的莫过于皇室专用的龙纹瓦当了。龙纹瓦当除了昭示皇室威仪，或许还有祈求龙的"神力"保护宫殿安全的寓意。

**龙有哪些美好的寓意？**

神话中的龙变化莫测，神通广大，人们赋予了龙许多美好的寓意。比如龙有着腾飞向上之意，因此想让孩子积极进取就叫"望子成龙"。凤是经常与龙相配的神兽，人们在祝福新婚夫妇时总会说"龙凤呈祥"；古人还会以"卧龙凤雏"来形容那些韬光养晦、厚积薄发的才子。

# 编织的艺术
## ——中国结

中国结是中国传统的手工编织工艺品，是一种有着悠久历史的编织艺术。中国结是中华传统文化的重要组成部分，现在民间常以中国结为装饰品，小小的绳结中蕴含着中国人的古老智慧和丰富的文化内涵，是联结着中华儿女的独特情"结"。

### 中国结的起源

中国结起源于上古时期的结绳记事，上古时期人们用绳结来记事、记数或约定事情，有大事发生就系一个

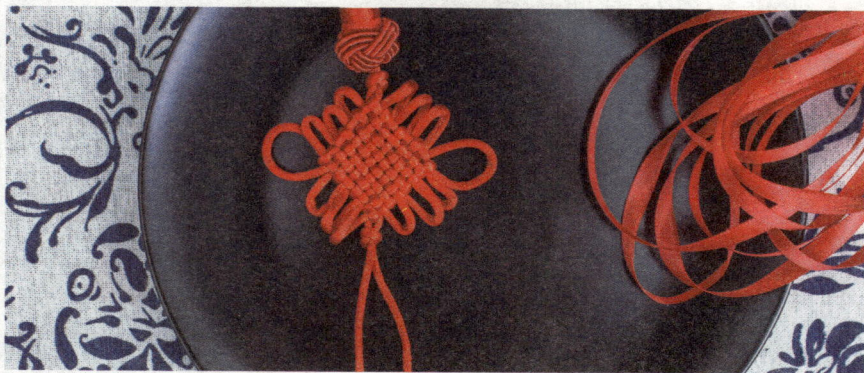

大绳结，有小事发生就系一个小绳结。《周易·系辞》中记载的"上古结绳而治，后世圣人易之以书契"，就是说明上古时期人们结绳记事，后来圣人发明了文字来代替绳结。可见在当时绳结就有了记事和契约的功能，是人际关系的一种具象化体现。

另外，古人的衣服非常简陋，没有纽扣、拉链等来系紧衣服，只能用绳子缠住衣服，再打个结将其固定。后来，人们学会了将系衣服的绳子结成盘扣，这样可以起到一定的装饰作用。再之后逐渐演变出多种多样的结绳艺术，中国结也应运而生了。

## 中国结的种类

### ◎盘长结

盘长结是中国结的基本种类之一，它无始无终、富于变化，象征着回环贯通、永恒不灭。盘长结还有着思念的寓意，古人常用"九曲柔肠""断肠"来形容思念牵挂之情深，因此民间又把盘长结叫作"盘肠结"。

## ◎ 团锦结

团锦结也是中国结的基本种类之一，团锦结形如其名，结形圆满，如同花团锦簇，造型美观，象征着富贵、祥瑞。因为团锦结形如花朵，有一个个"花瓣"，因此也叫"花瓣结"。

## ◎ 双联结

双联结是一种实用性很强的中国结，结形小巧，易于结成，而且非常不容易松散，因此常被当作绳结饰品的开端或结尾。双联结有着联合、连续的寓意，象征着好事成双。

## ◎ 双喜结

双喜结，顾名思义，是由两个"喜"字并列构成的结。在中国人的观念中，喜是最美好的情感之一，而双喜则意味着喜上加喜，因此双喜结常常出现在婚礼这种喜气最盛的场合。由于双喜结编织难度大，很费时间，因此要想编织一个大型的双喜结送给他人，往往要提前几天进行准备。

## 寓意与内涵

### ◎千变万化

中国结的形态千变万化，一根最简单的线条，按照一定的布局、程式或顺序，使用结、绾、编、缠、穿、绕、抽、修等结绳手法，就能变成美丽曼妙、形态各异的绳结。有象征永恒不灭的盘长结、寓意富贵祥瑞的团锦结、状如盘龙的龙形结、形似藻井的藻井结、被称为"中式蝴蝶结"的酢浆草结……

不同的结有不同的象征和寓意，因此也有不同的使用场合，比如赠给新婚夫妇一个盘长结，意在祝福他们白头偕老，永不分离；送给学子一枚龙形结，是希望他能鱼跃龙门，登者化龙；过年时给小孩子佩戴一枚双钱结，是希望孩子可以多收压岁钱，也有好事成双的寓意。

中国结不仅形态万千，而且寓意深远，代表了中国人对美好生活的追求，体现了中国传统艺术的丰富内涵。

## ◎ 寓意深远

　　"结"是"吉"的谐音，有着吉利、吉祥的寓意，代表着中国人千百年来追求美好的状态，因此中国结就成了吉祥平安的代名词。中国结的"结"字，也代表着团结、结合、结缘等，在源远流长的中国文明史上，中国结贯串着中华文明史，联结着五十六个民族，见证着中华民族的逐渐壮大。中国结的文化价值早已超越了它本身的吉祥寓意，已经成为象征中华民族古老文明和优秀文化的特殊符号。

　　如今，中国结文化已经作为中国文化的又一张名片，并被世界所认识。2008年北京奥运会会徽中融入了中国结元素，各国来宾都收到了中国结作为礼物；2022年北京冬奥会上，一片片写有参会国家名字的小雪花，拼成

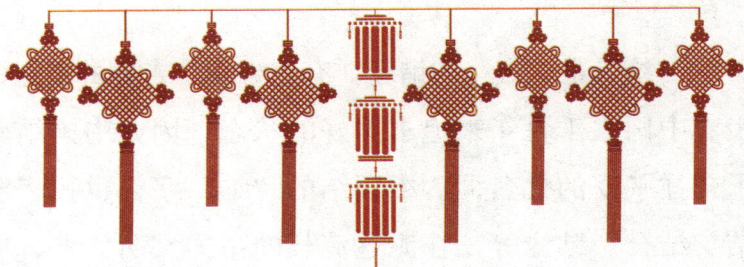

了一朵巨型的大雪花，这些雪花也是以中国结为灵感设计的，有着世界人民大团结的美好寓意。中国结这种蕴含着深厚民族文化的古老艺术，将在新时代迸发出新的生命力。

### 中国结为什么都是红色的？

红色在中国象征着喜庆、吉利，中国人素来钟爱红色，因此红色是各种有喜庆寓意的物品的主要颜色。实际上中国结不全是红色的，还有黄色、蓝色、绿色、紫色等。在编织时，编织者要考虑到结形的寓意，以及所选丝线的颜色是否搭配等，还可以加上一些小珠子等饰物，但不能破坏中国结整体的美感。

# 镂空的艺术
## ——剪纸

剪纸是具有悠久历史的中国民间艺术形式，是一种用剪刀或刻刀在纸上剪出或刻出花纹，形成各种图案的镂空艺术。常见的剪纸形式有窗花、墙花、灯花等，通常被用来增添节日的喜庆氛围或装饰房屋。剪纸因为其独特的艺术风格和神奇的技艺手法获得了无数人的喜爱。

## 剪纸类型

### ◎ 剪刀剪纸与刻刀剪纸

按照剪纸工具的不同，剪纸可以分为剪刀剪纸和刻刀剪纸两种。

剪刀剪纸是最常见、最简单的一种剪纸。剪刀剪纸只能同时对少量的纸进行剪裁，而且剪完后通常还要对图案进行修剪和加工。剪刀剪纸的技巧主要有扎剪和旋剪两种。

扎剪是指将剪刀的尖部扎进纸里，然后再剪出需要镂空的部分，这种剪法对准确度的要求不高，在剪完后经常需要剪下图案的毛边或剔除纸屑。旋剪是指在剪出

一个洞后不抽出剪子，而是向下一个需要镂空的地方直接剪去，这种剪法要求手法精准，剪完不能看出破痕。

刻刀剪纸是先把数张纸叠起来，在上面画好图案后，再用锋利的小刀沿着图案慢慢刻画。刻刀剪纸对手法的要求更高一些，但优点是可以同时镂空刻画多张纸。刻刀的技巧有阳刻、阴刻、阴阳刻三种。

阳刻是指刻掉图案的空白部分，只留下图案的轮廓线条，但要保证线条相连，如果线条断开，图案就不完整了。阴刻是指把图形的轮廓线刻掉，留下大块的图案，线条之间不相连，但要保证留下的图案不会断开，图案的完整性不会被破坏。阴阳刻，顾名思义，就是同时使用阳刻与阴刻。

## ◎ 单色剪纸与彩色剪纸

剪纸按照纸张颜色可以分为单色剪纸和彩色剪纸。

单色剪纸是最常见的剪纸形式，单色剪纸作品只用一种颜色的纸剪成，剪法以折叠剪纸为主。折叠剪纸就是将一张纸用不同方式折叠以后再剪，这样剪出来的一张纸上就是一个完整的图案。折叠剪纸简单易学，省时省力，是中国人最为熟知的剪纸技巧，通常用来剪呈几何对称形状的图案。

彩色剪纸也叫复色剪纸，是指同一幅剪纸中包含多种颜色的剪纸。彩色剪纸的风格随意，方法多样，常见的剪法有：先分别剪裁数张彩色纸，再将它们拼贴而成；还可以先用白纸剪出图案，然后在图案上涂好颜色。

## 剪纸的应用

剪纸的用途多种多样，通常作为增添节日氛围或点缀重要活动的装饰。

最常见的剪纸形式就是窗花，每年春节前家家户户都会揭下窗户上的旧窗花，贴上新的，意在"除旧迎新"。窗花的样式极其丰富，有动物、植物、历史人物、山水风景、汉字书法等，都是有美好寓意的事物。一些地方还有在春节挂门笺的习俗，门笺也叫挂笺、门彩，是一种挂在门楣上的剪纸，通常呈长方形的锦旗状，上面剪有各式吉祥的图案或文字，比如龙凤、喜鹊、"福"字等，而且往往是许多张成套悬挂。

新婚嫁娶时，人们喜欢在嫁妆、婚车、礼堂、新房等地方贴上剪纸作品，比如喜字、鸳鸯、喜鹊等，表示对新人的祝福，增添喜气。除此之外，在一些寿宴上贴的寿字等也是剪纸作品。剪纸艺术随着历史的发展、人们创意的增加，在不断发展和创新，是我国民间艺术宝库中的瑰宝。

## 各地剪纸技艺

### ◎ 河北蔚县剪纸

河北蔚县剪纸历史悠久，与众不同，是以刻为主、

以剪为辅的剪纸艺术。蔚县人钟爱戏曲文化，因此蔚县剪纸也以戏曲主题见长。蔚县剪纸以宣纸为主要原料，用小巧锋利的雕刀刻画图案，再用明快鲜艳的色彩点染而成，因此有着精致秀丽、艳丽多彩的特点。2006年，蔚县剪纸被列入我国非物质文化遗产名录。

## ◎ 山东高密剪纸

高密有着"中国民间剪纸之乡"的称号，高密剪纸形式多样，而且与农村的节日习俗关系密切，比如窗花、墙花、灯花、门笺、喜花、丧花等。此外，高密剪纸题材广泛，常取材于历史典故、神话传说、戏曲故事等。

高密的剪纸艺术融合了其他地区剪纸文化的特点，形成了豪放中有细致、简约中有变化的独特风格。

### 皮影戏的皮影属于剪纸吗？

皮影戏是一种特殊的民间戏剧形式，是由艺人在白色幕布后操纵皮影，搭配着弦乐，用地方曲调讲述故事的一种艺术形式。皮影戏中最核心的道具就是皮影，皮影也是一种剪纸艺术作品，只不过它的材质是驴皮、羊皮等兽皮。

# 休养生息之道
## ——中医养生

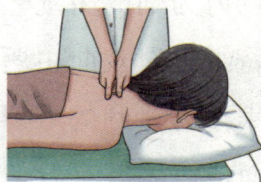

中医是中华民族的传统医学，有着非常悠久的历史。养生是以传统中医理论为基础形成的一种医事活动，中国人历来注重养生，希望通过养生增强体质、预防疾病。养生文化有着深厚的历史和医学内涵，一直深受国人追捧。

### 经络与穴位

传统中医理论认为，经络是联系五脏六腑、遍布人体全身、供气血运行的通道。"经"是指经脉，有路径、主干的意思，"络"是指络脉，有网络、分支的意思，因此经络系统就是经脉与络脉彼此连接构成的人体系统。

中医理论认为，经络调节着人体内的气血运转、阴阳平衡，使人体机能保持正常运行。人体经络系统包括十二经脉、十二经别、十五络脉、奇经八脉等多个子系统，以及难以计数的细小络脉结构，它们遍布人体各处，在这些经络上又分布着许多特殊的点位，即穴位。

穴位的学名叫作腧穴，是人体经络系统中气血出入的特殊点位，按照现代医学理论来解释，穴位是人体神经主干或神经末梢经过的地方，也是人体内生物电势较高的部位。早在2000多年前，古人就已经发现了人身上这些特殊的点位，并对其进行了相应的研究。现在我们常见的针灸、拔罐、推拿、按摩、刮痧、足疗等都是通过刺激穴位来治疗疾病或强身健体的。因此，经络与穴位并非伪科学或迷信的产物，而是古人在不断的实践中摸索出来的独特医学知识，是古人的科学发现。

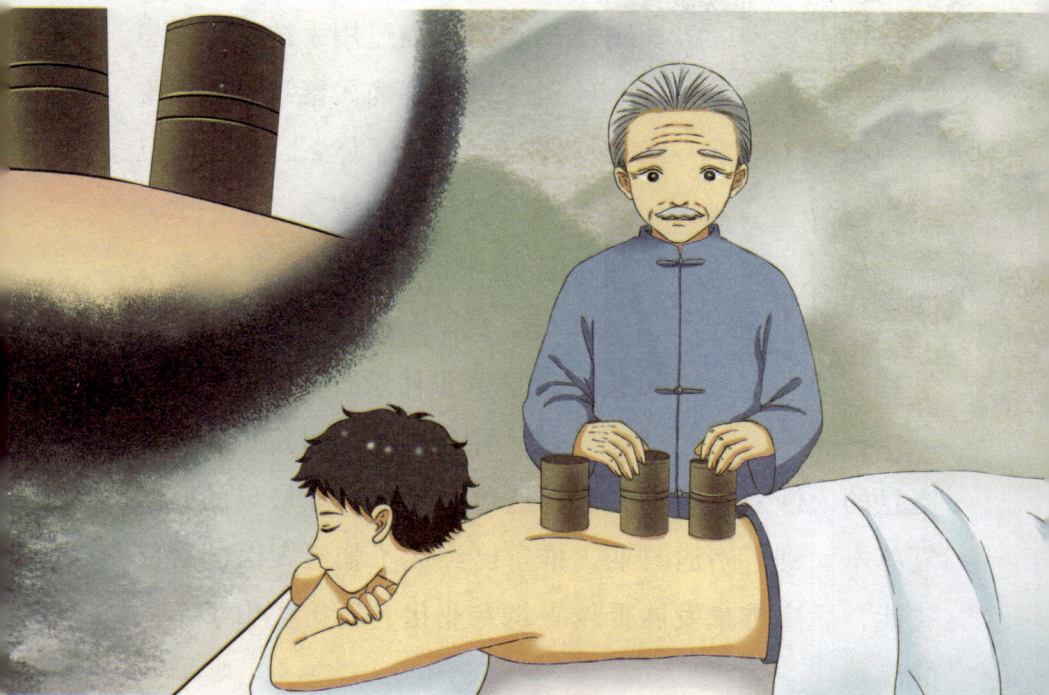

## 推拿与按摩

推拿是中国传统医学中一种非药物的自然、物理疗法，是医生针对患者伤痛部位的特定穴位，用推、拿、按、摩、揉、捏、点、拍等手法进行治疗的方法。医生通过推拿可以帮助患者疏通经络、活跃气血、止痛消肿等。

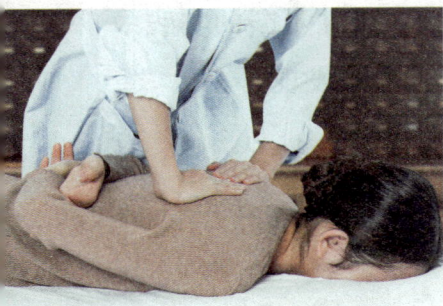

推拿的起源已不可考，但古人早已发现人体在受到损伤时，可以通过用手按摩体表患处来减轻疼痛。秦汉时期，推拿已经形成了体系，在当时已有《黄帝岐伯按摩经》一书，这是中国最早的推拿按摩专著。到了东汉时期，我国著名医学家张仲景所著的《金匮要略》中记载了通过按压胸腔让窒息的人恢复呼吸的方法，这可能是世界上最早的心肺复苏术。到了隋唐时期，推拿已经成了朝廷太医的必修技能，后来推拿发展得越来越专业化，还衍生出了不同的流派。

　　按摩是推拿的俗称，二者没有本质区别，按摩是民间更通俗的叫法。随着时代的发展和科学的进步，推拿与按摩又焕发出了新的生命力，现在学生做的眼保健操就是根据中医经络穴位理论，结合推拿技术创造出的新型按摩法。现在许多人都喜欢在休闲时间做一次"SPA（水疗）"来放松身心，其实它也是按摩的一种。

## 刮痧与拔罐

　　刮痧与推拿一样，是根据中医经络穴位理论发展而来的物理疗法，是通过特殊的刮痧器具搭配刮痧油或者刮痧膏等介质，用特定的手法刮动人体表面进行治疗的疗法。

　　刮痧也有很久远的历史，几乎与推拿同时起源，古人发现推拿可以减缓疼痛后，又发现了用石片等物品刮擦一些部位也有相同的作用。我国最早的医学典籍《黄帝内经》中就记载了用砭石刮痧来治疗

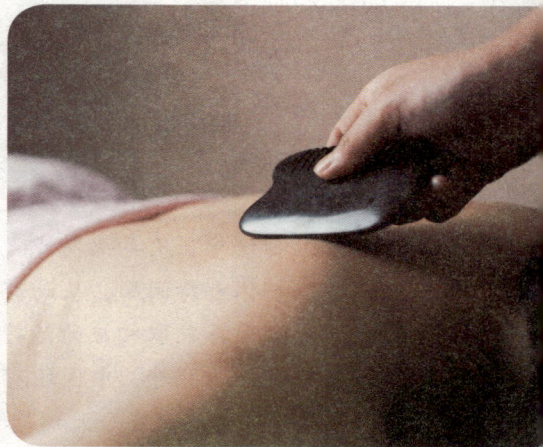

痹症的方法。

一谈到刮痧，一些人就想到刮痧后身上会出现大片红、紫甚至黑色的印记，因此对刮痧望而却步，这其实是刮痧后的正常反应，叫作"出痧"。所谓的"痧"就是皮肤表面的毛细血管因破裂出血而形成的局部瘀斑，不需要特殊处理，几天后就会自行消失。

拔罐也叫拔火罐，就是用罐和火进行治疗的中医疗法，拔罐也是通过刺激穴位来达到舒经活血、消肿止痛、驱寒祛湿等效果的治疗方法。用火治病听起来似乎难以置信，但其实拔罐只是在罐内滴入酒精，点燃后扣在需要治疗的部位，酒精会迅速燃尽，并不会烧到人的皮肤。罐内氧气被消耗后会产生负压，使得火罐儿可以牢牢地吸附在皮肤上，一段时间后也会出现和刮痧类似的局部淤血现象。

### 为什么古老的中医在今天仍然有价值？

传统中医有两大特点，分别是整体观念和辨证论治，即从整体看待问题，从局部入手治疗，以及先分析疾病的根本原因再采取相应的治疗方法，而不是单纯见痛止痛、见热退热。另外，中医还有着十分庞杂的医学体系，其中许多理论和思想在今天都是十分先进且科学的。

# 止戈为武
## ——中国武术

中国武术起源于古代战争的实践，在漫长的发展历史中结合了人们的社会活动和生活实践，逐渐演变成了一种运动。中国武术范围极广、项目繁多，通过练习武术，可以达到强身健体、磨炼意志、修身养性的作用。

## 少林功夫

俗话说："天下功夫出少林。"少林功夫是中国武术中历史悠久、门类众多、体系庞大的武术门派。

## ◎少林源流

提起少林功夫就不得不提少林寺，少林寺是我国著名的佛教寺院，位于河南省嵩山腹地少室山的茂密树林之中，因此被称为"少林寺"。少林寺始建于北魏年间，传说当年菩提达摩来到嵩山少林寺传授佛教禅宗，发现禅坐久了十分疲惫，不利于驱赶野兽、看护寺院等，于是他效仿民间劳动人民发明了一种"活身法"，这就是少林功夫的雏形。后来经过无数僧人的改进和发展，再结合中国古代的武术技法，最终形成了名扬中外的少林派武术。

## ◎分门别类

少林功夫门类多样，套路繁多，按武术性质可分为硬功、软功、外功、内功等。硬功和外功是磨炼身体强度的功夫，强调刚猛；软功柔韧性强，十分灵活；内功以养气为主，通过呼吸吐纳，从而提高力量、耐力等。

按照技法套路来分，少林功夫有拳术、棍术、枪术、剑术、刀术等上百种套路。以拳术为例，少林拳术里有洪拳、通臂拳、罗汉拳、形意拳等，每种拳法之下又可细分为许多种类。少林拳术不受场地限制，朴实无华，刚劲有力，常见于各种影视作品之中。

## 太极拳

太极拳是中国另一种著名传统武术，太极拳融合了阴阳五行和中医中的经络学等理论，在古代的导引术和吐纳术基础上形成了一种内外兼修、刚柔并济的武术体系。

### ◎刚柔并济

"太极"在中国古代哲学中是指天地未开、混沌不分、阴阳不明的状态，是世间万物之源，太极拳正是一种强调阴

阳协调、虚实结合的武术体系。太极拳因为其动作如同长江之水滔滔不绝而有"长拳"之称，又因为拳法刚柔并济、连绵不断而被称为"绵拳"。从技术上看，太极拳的本质仍然是以技击动作为主的拳法，传统太极拳有着很强的技击性，只是从运动表现上看比较缓慢、轻柔。

## ◎ 国民武术

太极拳起源于17世纪中叶，流派众多，各流派间相互传承，百花齐放，有着十分广泛的群众基础，因此太极拳可以说是民间最为活跃的武术之一。

太极拳讲究以柔克刚，以静制动，以弱胜强，动

作柔和，可以根据不同人的身体素质调整运动量，因此适合全年龄段的人学习。学习太极拳有助于提高人体灵活性，改善僵硬的体态，调整呼吸和气血，其动作又不至于带来损伤。太极拳体系中还包含了传统武学、医学、养生学等多方面的知识，是一种全方位的综合性的武术，不仅深受中国人喜爱，也在世界范围内逐渐受到热爱。

## 尚武崇德

中国人习武，不是为了好勇斗狠、与人争斗，而是为了制止侵害、平息争端。从字面上看，"止戈为武"，武术正是一种让人放下武器，停止争斗的技术。武术以中国的仁义思想为核心，中国人素来讲究"尚武崇德、修身养性"，也就是说习武之人崇尚武德，武德正是区别武力与暴力的根本标准。

"武德"一词，最早见于春秋时期的史书《左传》，书中有关于"武有七德"的论述，"七德"是针对战争军

事制定的七条准则，分别是禁暴、戢兵、保大、定功、安民、和众、丰财，大致意思就是反对暴力侵害，通过保持自身强大来保家卫国。后来，这些军事准则慢慢被习武之人学习过去，变成了"武德"。

随着历史的发展，武德的内涵也在不断变化。在古代，习武之人要追求除暴安良、扶危济困、替天行道的崇高理想。到了现代社会，我们摆脱了落后的封建思想，现代的武德与中华民族的传统美德结合起来，变为胸怀宽广、以礼待人、见义勇为、助人为乐等美好品质。

### 武术项目进入奥林匹克运动会了吗?

武术源于中国，却属于世界，让中国武术进入奥运会赛场是许许多多中国人的夙愿。我国一直明确支持武术国际化，并为武术项目早日进入奥运会做了很多努力。2020年1月8日，在瑞士洛桑举行的国际奥委会执行委员会会议通过了将武术列入第四届青年奥林匹克运动会正式比赛项目的提议，武术成为奥林匹克系列运动会正式比赛项目。

# 民间的"宫殿"
## ——传统民居

民居是指各地民间的建筑。中国幅员辽阔，民族众多，全国各地有着不同的地理特征和文化氛围，因此也有着风格各异的传统民居。传统民居有着极强的代表性，承载着各地的传统文化与民族特色。

## 北京四合院

### ◎ 建筑结构

四合院是一种中国传统院落式建筑，是一种四面建有房屋，房屋之间互相连接，合围而成一个"口"字形的内院式住宅。四合院的历史悠久，有着多种类型，其中以北京四合院最具代表性。

北京传统建筑有着"坐北朝南"的特点，意思是房屋按照南北方向建成，背朝北面，门朝南面。四合院也不例外，按照方向划分，四合院中位置在正面（通常是坐北朝南）的房屋叫作正房，东西两侧的叫作厢房，南边的叫作南房，还有一种紧邻大门的房屋叫倒座房。

四合院中间是宽敞的庭院，由于北方冬天光照少，因此四合院的庭院面积较大，门窗也大，这样的设计是为了增加室内采光。院中或种着花草树木，或摆着假山怪石，有的院子正中间还会砌一洼小池，里面养着鱼供人观赏。

## ◎ 建筑特色

四合院是一种传统大家庭建筑，通常是一大家人住在一起，受传统礼教的影响，家庭成员在院内的居住有着严格的主次规定。一般来说，家中的长辈居住在最高最大的正房；儿女媳婿等晚辈住在东、西厢房；孙辈或用人住在南房，如果有倒座房，那么用人就住在倒座房，倒座房还分为客房和私塾，是接待客人和供孩子学习的地方。这种居住模式，体现了封建社会严格的长幼尊卑之分，充分反映出当时的等级观念。四合院的窗户通常都向院内开，外墙没有窗户，只有一个平时紧闭的大门通向外界，这也反映了一种传统的封闭式文化。

四合院最大的特点就是有着浓浓的人情味，一家人在此居住、休息、劳动，尤

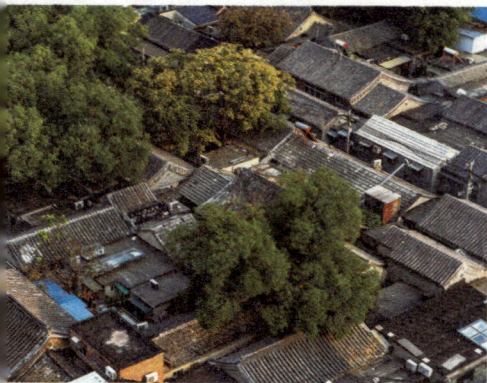

其是到了夏天，院中花草飘香，凉爽宜人，一家人怡然自得，其乐融融。

## 安徽徽派民居

### ◎ 建筑结构

徽派民居是安徽省一带的传统民居，是一种多进式院落，一般沿着中轴线对称分布，中间是厅堂，两侧是居室。从院外看去，院落相套，白墙黑瓦，马头翘角，错落有致，具有整体性和对称美。

徽派民居的装饰是另一大特色，其中被称为"三雕"的传统雕刻工艺更是名扬国内外。"三雕"分别是砖雕、石雕、木雕，砖雕的门楼、石雕的廊柱、木雕的窗楹与民居融为一体，将建筑物点缀得富丽堂皇，体现了实用性与艺术性的完美统一。

### ◎ 建筑特色

传统建筑一般都采用坐北朝南的朝向，但徽派民居却大都坐南朝北，这要追溯到徽派民居的起源。明清时

期，徽商达到鼎盛，他们回到家乡修建民宅时，考虑到五行风水之说，在风水中，商业属金，南方属火，而火又克金，商人的家若是坐北朝南，岂不是犯了大冲？所以徽派民居就形成了坐南朝北的传统。

徽派民居常常是依山傍水而建的，既方便上山务农，又便于取水用水。黑白相间的院落处在青山绿水之中，有一种人与自然和谐相处的美感。

## 福建客家土楼

### ◎ 建筑结构

福建客家土楼是客家人居住的传统民居，外形好似城堡，因此有"东方古城堡"的美称。

圆楼是客家土楼中最具特色的一种，它其实是一种具有防御功能的堡垒式建筑。历史上，福建一带经济比较落后，周围密林遍布，虫蛇野兽甚多，在恶劣的生存环境下，客家人聚集在一起，夯筑起了属于他们的城堡来保证安全。

除圆楼之外，客家土楼还有方方正正、主次分明的方楼和层层叠叠、严格对称的五凤楼。不论哪种楼，都是将祖祠作为全楼的中心，不破坏自然环境，这体现了传统礼制思想和敬畏自然的观念。

## ◎ 建筑特色

客家土楼坚实的墙壁由木结构夯筑黄土建成，客家人巧妙地利用当地随处可见的材料建成了厚重结实的墙

壁，这些墙壁夏天可以抵御酷暑，冬天可以隔绝寒气。不论是圆楼还是方楼，中间的庭院都十分宽广，利于整个家族的人在其中活动。这种土楼往往具有很强的封闭性，因此非常容易产生噪音聚焦效应，但好在客家人天生喜欢热闹，这对他们而言并不是问题。

### 中国传统民居为什么大多讲究坐北朝南？

早在几千年前，中国人就认识到了太阳东升西落的规律，冬天太阳高度角比平时小，朝南的门窗可以照进更多的阳光；夏天太阳高度角大，朝南的门窗又可以减少阳光直射。此外，朝南的门窗可以避免冬天时猛烈的西北风吹进室内，夏天时又可以迎接清凉的南风。